Pascal Root, Achim Schmidtmann

IT-Servicemanagement in KMU

Studie mit Umfrage, Reifegradmessung und Leitfaden

*Die Schwierigkeit einer Sache beruht nicht auf ihrer
Größe, sondern darauf, die Zeit zu erkennen.*

*Lü Buwei (ca. 300 v.Chr. - ca. 235 v.Chr.),
chinesischer Kaufmann, Politiker und Philosoph*

Pascal Root

Achim Schmidtmann

IT-Servicemanagement in KMU

Studie mit Umfrage, Reifegradmessung und Leitfaden

1. Auflage

Alle in diesem Buch enthaltenen Informationen, Verfahren und Darstellungen wurden nach bestem Wissen zusammengestellt und mit Sorgfalt getestet. Dennoch sind Fehler nicht ganz auszuschließen. Aus diesem Grund sind die im vorliegenden Buch enthaltenen Informationen mit keiner Verpflichtung oder Garantie irgendeiner Art verbunden. Die Autoren übernehmen infolgedessen keine juristische Verantwortung und werden keine daraus folgende oder sonstige Haftung übernehmen, die auf irgendeine Art aus der Benutzung dieser Informationen – oder Teilen davon – entsteht.

Ebenso übernehmen die Autoren keine Gewähr dafür, dass beschriebene Verfahren usw. frei von Schutzrechten Dritter sind. Die Wiedergabe von Gebrauchsnamen, Handelsnamen, Warenbezeichnungen usw. in diesem Buch berechtigt deshalb auch ohne besondere Kennzeichnung nicht zu der Annahme, dass solche Namen im Sinne der Warenzeichen- und Markenschutz-Gesetzgebung als frei zu betrachten wären und daher von jedermann benutzt werden dürften.

Bibliografische Information der Deutschen Nationalbibliothek:

Die Deutsche Nationalbibliothek verzeichnet diese Publikation in der Deutschen Nationalbibliografie; detaillierte bibliografische Daten sind im Internet über http://dnb.dnb.de abrufbar.

© 2015 Pascal Root, Achim Schmidtmann

Herstellung und Verlag: BoD – Books on Demand, Norderstedt

ISBN: 978-3-7386-3764-9

Inhaltsverzeichnis

Inhaltsverzeichnis 5

Vorwort 9

Geleitwort 11

Danksagung 13

Management Summary 14

Einleitung 17

    Motivation 17

    Ziel der Studie 17

    Aufbau der Studie 19

Grundlagen 21

    IT-Servicemanagement 21

        Beschreibung 21

        Begriffsdefinitionen 22

        Methoden 24

    ITIL 26

        Allgemein 26

        ITIL Version 2 27

        ITIL Version 3 und der Service Lebenszyklus 28

        Vergleich zwischen Version 2 und Version 3 30

    Prozess-Reifegradmodell 31

Inhaltsverzeichnis

KMU-Begriff 34

Vorgehensweise und Methode 37

Befragung 37

Operationalisierung 37

Struktur 39

Durchführung der Umfrage 41

Reifegradmessung 42

Datengrundlage 46

Auswertungsmethode 48

Glaubwürdigkeit von Online-Umfragen 50

Allgemeine Vor- und Nachteile 50

Spezielle Risiken dieser Umfrage 51

Bisherige Studien 53

Ergebnisse 59

Inhaltlicher Aufbau 59

Teilnehmerzahlen 59

Gesamtmarkt 59

Kleine und mittelständische Unternehmen 63

Gesamtsituation des ITSM 66

Alle Unternehmensgrößen 66

Nur KMU 71

Zwischenfazit 76

ITSM-Frameworks im Einsatz 77

Definition 77

Untersuchungsgegenstand 77

Analyse der Verwendung von Frameworks/Standards aus dem
Bereich ITSM 78

Analyse einzelner Prozesse 86

IT-Störungsmanagement 88

Veränderungsmanagement 94

Konfigurationsmanagement 99

Release Management 104

Verfügbarkeitsmanagement 109

Sicherheitsmanagement 118

Auswertung der Freitextfelder 128

Schwachstellen in der IT 128

Fehlende Prozesse oder Änderungswünsche 132

Allgemeines Feedback 134

Zusammenfassung für die Freitextfelder 137

Schlussfolgerung 140

Leitfaden für KMU 143

Einführung und Optimierung von ITSM-Prozessen 145

Single Process Approach 151

Multi Process Approach 151

All Process Approach 151

Einführung und Optimierung von IT-Services 153

Inhaltsverzeichnis

Literaturhinweise 157

Abschluss 167

Zusammenfassung 167

Fazit 170

Ausblick 174

Literatur 175

Glossar 181

Über die Autoren 183

Über den Fachbereich Informatik der Fachhochschule Dortmund 184

Vorwort

Die IT Infrastructure Library (ITIL) ist der Quasistandard im IT-Servicemanagement (ITSM) und bekannt für viele Prozesse, Aktivitäten, Rollen und Anforderungen an Dokumentationen. Somit kommt man schnell zu der These, dass ITIL mit seinen vielen Prozessen zu komplex, aufwändig und unübersichtlich für den Mittelstand ist. Gleichzeitig macht ITIL keine Vorschriften was genau und wie einzuführen ist. Vielmehr gibt es grundlegende Prinzipien vor, die für Unternehmen jeder Größe gelten und denen je nach Unternehmensstruktur unterschiedlich intensiv gefolgt werden kann.

In der Computerwoche konnte man vor einiger Zeit außerdem noch lesen: „Im Mittelstand tummeln sich viele ITIL-Muffel"[1]. Diese Aussage ging auf eine Befragung von 485 mittelständischen Unternehmen aus Deutschland aus dem Jahre 2010 zurück. Sie ergab, dass nur 26 Prozent der befragten mittelständischen Unternehmen konkrete Prozesse nach ITIL implementiert haben.

Genau dieser Thematik widmet sich auch unsere Studie. Allerdings haben wir unsere Befragung von Unternehmen allgemeiner ausgelegt, indem nicht so sehr das spezielle ITIL-Vokabular, als vielmehr gebräuchliche Begriffe aus der IT und der ITSM-Fachsprache verwendet werden. Denn es ging uns in erster Linie nicht darum das Vorhandensein von ITIL oder anderen Standards nachzuweisen, sondern die real vorhandenen ITSM-Prozesse im Mittelstand zu analysieren.

Das Ergebnis war insoweit positiv, dass die meisten KMU bereits recht umfassend auf ITSM setzen bzw. ihre Prozesse ähnlich ausgestalten. Allerdings tun sie das bisher in einer Form die, was die Durchgängigkeit und Qualität der Umsetzung angeht, häufig noch stark verbesse-

---

[1] Vgl. Groß (2011b)

9

rungswürdig ist. Um dieses zu adressieren schließt unsere Studie mit einem kleinen Leitfaden, der den Unternehmen hilfreiche Prozesse und Werkzeuge an die Hand geben soll, um den Reifegrad ihres IT-Servicemanagements erhöhen zu können.

Zu guter Letzt bitten wir unsere Leserinnen und Leser um ihre Kritik und Anregungen. Sie erreichen uns per E-Mail unter

pascal.root001@stud.fh-dortmund.de

achim.schmidtmann@fh-dortmund.de

Dortmund im August 2015

Pascal Root

Achim Schmidtmann

Geleitwort

Alles begann vor gut einem Vierteljahrhundert. Ende der achtziger Jahre waren die nahezu explodierenden Kosten für den IT-Betrieb der britischen Regierung so offensichtlich, dass Maßnahmen ergriffen werden mussten, um das damals erkennbar große Potential der Informationstechnologie in Einklang mit Qualität, Aufwand und Kosten zu bringen. Die damalige Thatcher-Regierung beauftrage 1987 eine untergeordnete Behörde (CCTA) mit der Entwicklung einer Methodik für den qualitätsgesicherten, strukturierten und standardisierten Umgang mit IT und den dazu gehörenden Betriebsleistungen. Geboren als GITIMM wurde, nach einer intensiven politischen Diskussion ob hier eine Methodik (verbindlich) oder ein Leitfaden (empfehlend) vorliegt, letzteres beschlossen und als ITIL neu in die Welt gesetzt.

Das Thema stieß insbesondere in der Privatwirtschaft auf großes Interesse. Der Transfer der Methodik aus der behördlichen Verwaltung in den öffentlichen Raum wurde im Wesentlichen durch einen Verein gestaltet, der dabei auch gleichzeitig namensgebend für ein heute allgegenwärtiges IT-Thema war und ist: ITSM, damals noch IT System Management, heute als IT Service Management bekannt. Und wenngleich aktuell nicht mehr die Kosten als primärer Treiber gelten, so machen die Anforderungen an den heutigen IT-Betrieb eine strukturierte Vorgehensweise nach allgemein anerkannten oder auch standardisierten Leitlinien unabdinglich, um diesen überhaupt nachkommen zu können.

Nun steht zwar mit einer weiter entwickelten ITILv3 eine allgemein anerkannte Leitlinie zur Verfügung, die aber mit ihrem ganzheitlichen Ansatz und der ursprünglichen, aber immer noch spürbaren Ausrichtung auf große Umgebungen viele kleine und mittlere Betriebe überfordert. Andererseits sehen sich aber auch Unternehmen dieser Größenordnungen zunehmend Anforderungen an den eigenen IT-Betrieb ausgesetzt, die ein entsprechendes Vorgehen notwendig machen und unabhängig von der Unternehmensgröße sind. Hierzu gehören im Wesentlichen Aspekte, die sich aus der Sicherheit von Daten und Anlagen ergeben, aus der Verfügbarkeit für Nutzer und Kunden und aus all dem, was sich hinter dem Begriff Compliance oder auch Regeltreue verbirgt, zumindest aber die Einhaltung der damit verbundenen gesetzlichen und regulatorischen (z.B. Basel 2/3) Vorgaben.

So stehen viele Betriebe also vor der Situation, mit Anforderungen konfrontiert zu sein für die es aktuell keine allgemein anerkannte Methodik gibt. Das hier ein Vakuum besteht, dass idealerweise durch einen Schulterschluss von Anwendern, Wissenschaft und Anbietern durch Ausarbeitung einer entsprechenden Leitlinie geschlossen wird, war der Ausgangspunkt zu dieser Studie. Sie soll - als eine Art Initialzündung - den Stand ermitteln, auf dem Unternehmen heute bei Steuerung und Betrieb der IT stehen, welche Verfahren sie einsetzen, wo Lücken bestehen.

Aus den Ergebnissen kann dann sehr gut abgeleitet werden, wo dringender Handlungsbedarf besteht und so kann eine Leitlinie entwickelt werden, ohne die Beteiligten zu überfordern. Unabhängig davon stellt die Studie aber einen sehr guten, aktuellen und detaillierten Überblick zum ITSM-Niveau in kleinen und mittleren Unternehmen dar und bietet somit Gelegenheit zur kritischen Selbstreflexion.

Düsseldorf im August 2015

Joachim Winkler, synetics GmbH

jwinkler@i-doit.com

Danksagung

Die vorliegende Studie wurde an der Fachhochschule Dortmund – Fachbereich Informatik realisiert und ist Teil des Forschungsprojekt "Simulation von komplexen Service-Infrastrukturen (SIMKOSI)", welches gefördert wurde durch die Europäische Union - "Europa - Investition in unsere Zukunft", den europäischen Fonds für regionale Entwicklung und das Ministerium für Innovation, Wissenschaft und Forschung des Landes Nordrhein-Westfalen.

Wir freuen uns, dass wir so die Gelegenheit hatten, einem unserer Schwerpunkte, dem IT-Servicemanagement, gesonderte Aufmerksamkeit zu schenken. Allen, die dazu beigetragen haben, dass diese Studie erstellt werden konnte, gilt unser herzliches Dankeschön.

Für besondere Unterstützung danken wir:

- Joachim Winkler, Geschäftsführer der synetics Gesellschaft für Systemintegration mbH, Düsseldorf

- Konrad Buck, Communications & Community Manager der synetics Gesellschaft für Systemintegration mbH, Düsseldorf

- Benjamin Gunia, wissenschaftlicher Mitarbeiter im Projekt SIMKOSI an der Fachhochschule Dortmund

- Thorsten Kruse, wissenschaftliche Hilfskraft im Projekt SIMKOSI an der Fachhochschule Dortmund

- Simon Krebs, wissenschaftliche Hilfskraft im Projekt SIMKOSI an der Fachhochschule Dortmund

Management Summary

Die vorliegende Studie befasst sich mit der Auswertung der Ergebnisse der Umfrage "IT-Servicemanagement in kleinen und mittelständischen Unternehmen (kurz: KMU)". Diese hatte zum Ziel, den Ist-Zustand und die Qualität des ITSM im Mittelstand zu erfassen und zu bewerten. Diese Bewertung wurde anhand einer Reifegradanalyse der ITSM-Prozesse der Umfrageteilnehmer vollzogen. Im Anschluss erfolgte die Analyse in Korrelation mit dem Rahmenwerk ITIL, welches mit seinen Kernprozessen die Grundlage der Reifegradmessung darstellt. Im Kontext einer Ausrichtung der IT-Prozesse nach ITIL, sollen dabei Verbesserungspotenziale und konkrete Handlungsalternativen für Unternehmen aus dem Mittelstand herausgearbeitet werden.

Die Analyse zeigt, dass auch KMU im Bereich ITSM eine solide Aufstellung vorweisen. Während einige Prozesse überdurchschnittlich gut umgesetzt sind, gibt es in einzelnen Teilbereichen allerdings signifikante Defizite. Teilweise erscheinen die Prozesse sogar ähnlich zu ITIL gestaltet, ohne sich jedoch an deren Rahmen zu orientieren, denn lediglich ein Viertel aller Teilnehmer aus dem Mittelstand nutzt überhaupt standardisierte Frameworks.

Bei einer Gesamtbetrachtung der IT-Infrastruktur wird deutlich, dass die einzelnen Prozesse überwiegend nicht aufeinander abgestimmt sind und keinem vorher festgelegten Konzept entsprechen. Zudem konnte festgestellt werden, dass es einen erhöhten Abstimmungsbedarf zwischen Geschäftsführung und IT-Verantwortlichen gibt, bezogen auf die Bereitstellung von Ressourcen für die Optimierung der IT-Prozesse.

ITSM wird insgesamt zwar als sinnvoll, aber vor allem als zu komplex und zeitaufwändig beurteilt. Zudem ist der Mehrwert einer Implementierung schwer zu erfassen, da profitable Auswirkungen nicht sofort oder nur schwierig messbar sind. Zur Erreichung eines höheren Einsatzes von ITIL in KMU, muss dieses weiter etabliert und insbesondere auch auf deren Besonderheiten zugeschnitten werden.

Alle ITIL Prozesse gleichzeitig umzusetzen ist gerade für KMU eine nahezu unmögliche Herausforderung und sehr wahrscheinlich auch nicht sinnvoll. Um die Komplexität entscheidend zu reduzieren sowie die zur Verfügung stehenden Ressourcen nicht zu überlasten, gibt es aktuell noch zu wenige Referenzumsetzungen bzw. überhaupt Hilfestellungen aus oder für die Praxis. Insgesamt ist es für KMU empfehlenswert, ausgewählte Prozesse auf Basis der eigenen Prioritäten und einer individuellen Ausgestaltung sukzessive nach ITIL auszurichten.

Einleitung

Motivation

Kleine und mittlere Unternehmen stellen den mit Abstand größten Teil aller deutschen Unternehmen dar. Diese Unternehmen stehen heutzutage permanent vor der Herausforderung, ihre IT-Infrastruktur stetig an neue Rahmenbedingungen anzupassen und weiterzuentwickeln, um ihre Leistungsfähigkeit am Markt zu wahren und zu festigen. Somit wächst die Abhängigkeit zwischen unterstützender IT und dem Unternehmenserfolg.

Die zunehmende Komplexität der Systeme resultiert auch in einer Steigerung der individuellen Anforderungen und Verantwortlichkeiten. Die IT muss ihre Systeme, Daten und Anwendungen bestmöglich bereitstellen sowie deren Qualität, Sicherheit und Funktionalität gewährleisten, Dieses geschieht auch und mit besonderem Nachdruck im Hinblick auf Grundwerte wie Vertraulichkeit, Verfügbarkeit und Integrität. Fehlende oder unzureichend umgesetzte IT-Prozesse können zu fatalen wirtschaftlichen Folgen für ein Unternehmen führen.

ITSM unterstützt diese Aufgabenstellungen im beruflichen Alltag eines CIO, des IT-Managements und auch der beteiligten IT-Mitarbeiter. Hierfür stehen eine Vielzahl von verschiedenen Methoden und Ansätzen bereit. Beispielsweise stellt das Framework ITIL zu diesem Zweck eine Reihe von Leitlinien in Form von mehreren Publikationen zur Verfügung.

Ziel der Studie

Um dieses Thema tiefer zu durchdringen, ist es notwendig, eine umfassendere Analyse über die Anforderungen und Wünsche von KMU an ITSM durchzuführen. Sie soll eine deutlichere Aussage über die Nutzung von ITSM in KMU, sowie ob und warum es heute vorrangig in

Großunternehmen eingesetzt wird, ermöglichen. Es sollen also die Schwierigkeiten und Gründe für die Entscheidung der KMU gegen Rahmenwerke aus dem ITSM ermittelt werden. Gleichzeitig gilt es herauszufinden, unter welchen Voraussetzungen sie einen Einsatz eines solchen Standards in Erwägung ziehen würden. Als Basis für diese Ursachenrecherche ist im Rahmen des Forschungsprojektes "Simulation von komplexen Service-Infrastrukturen" (SIMKOSI) an der Fachhochschule Dortmund, eine unabhängige Online-Umfrage mit Reifegradmessung zum Thema "IT-Servicemanagement im Mittelstand" durchgeführt worden. Dabei haben Unternehmen die Qualität bzw. den Reifegrad ihrer IT-Service Prozesse kostenlos überprüfen lassen. Die Zusammenfassung der individuellen Reifegradmessung diente dabei als Motivation und gleichzeitig als Gratifikation für die Teilnahme an der Befragung.

Die Grundannahme der Studie war, dass weit über die Hälfte der KMU die Aufgabe, ein ITSM einzuführen, zwar wahrgenommen, aber entweder aufgrund von Kosten- bzw. Ressourcengründen noch nicht oder nur rudimentär umgesetzt hat. Als Ursachen für die Passivität vieler Unternehmen wurden die hohe Arbeitsbelastung der IT-Verantwortlichen einhergehend mit einer geringen Personaldecke und vor allem die große Unsicherheit bei der Auswahl passender ITSM-Lösungen vermutet. Weiterhin wurde davon ausgegangen, dass die Nutzung dieser Lösungen und die Einführung eines IT-Servicemanagements als generell sehr aufwändig, unhandlich und bürokratisch angesehen werden.

Die Identifikation der kritischen Bereiche in der Reifegradmessung verfolgt das Ziel einer Sensibilisierung der verantwortlichen Personen für die Wichtigkeit von ITSM. Darüber hinaus soll der Ist-Zustand von ITSM in KMU auf Basis der Befragungsergebnisse erfasst und analysiert werden. Darauf aufbauend wird bewertet, ob ein ITSM vollständig, in Ansätzen oder gar nicht vorhanden ist, und wenn ja, ob dieses ausreichend ist, die geschäftsrelevanten Prozesse zu unterstützen. Weiterhin sollen die einzelnen Prozesse hinsichtlich ihrer Qualität bewertet und vergleichbar gemacht werden. Als Ergebnis dienen Verbesserungspotenziale und konkrete Handlungsalternativen, wobei die Stärken und Schwächen gezielt identifiziert und möglicherweise notwendige Alternativen zur Prozessgestaltung gegeben werden, damit der Mittelstand bei der Erreichung der Geschäftsziele optimal durch das ITSM unterstützt wird. Es wird ein Leitfaden, für eine systematisch auf KMU zugeschnittene Optimierung der IT-Infrastruktur, erstellt. Er basiert auf bestehenden Methoden und Frameworks und soll als pragmatischer und praxisnaher Ansatz für die kleinen und mittleren Unternehmen beherrsch- und bezahlbar sein.

Zusammenfassend soll die Studie aus dem Ergebnis der Umfrage mittels der Reifegradmessung nicht nur eine Aussage über den Ist-Zustand des ITSM in deutschen KMU treffen, sondern auch Hilfestellung für den Fall anbieten, dass bei Einführung und Betrieb einer ITSM-Lösung in einem Unternehmen generelle Unterstützung notwendig ist.

Aufbau der Studie

Die Studie setzt sich, wie in Abbildung 1 dargestellt, aus sechs Kapiteln zusammen. Auf die Einleitung folgt ein Grundlagenkapitel, in dem die in der Studie verwendeten Begrifflichkeiten, Methoden, Rahmenwerke und Modelle kurz vorgestellt werden. Die Vorgehensweise und Methode zur Durchführung der Umfrage, Erstellung der Reifegradmessung und der Auswertung der ermittelten Daten sind Inhalt des dritten Kapitels. In Kapitel vier werden die Ergebnisse der Auswertung umfassend dargestellt. Dabei wird zuerst auf die Teilnehmer der Umfrage und ihre Herkunft eingegangen. Es folgt eine Betrachtung der Gesamtsituation des ITSM basierend auf den ermittelten Daten. Den Kern dieses Kapitels bildet die ausführliche Analyse der Ergebnisse für die herausgestellten ITSM-Prozesse. Zum Abschluss werden die Freitextfelder der Umfrage ausgewertet und die daraus zu gewinnenden Schlussfolgerungen zum Thema ITSM in KMU dargelegt. Ein Leitfaden für KMU zur Einführung und Optimierung von ITSM-Prozessen und IT-Services ist

Bestandteil des fünften Kapitels. Außerdem werden hier einige interessante Literaturhinweise speziell für die Umsetzung von ITSM in KMU gegeben. Die Studie schließt mit einer Zusammenfassung, einem kritischen Fazit und einem Ausblick auf weiterführende Untersuchungen.

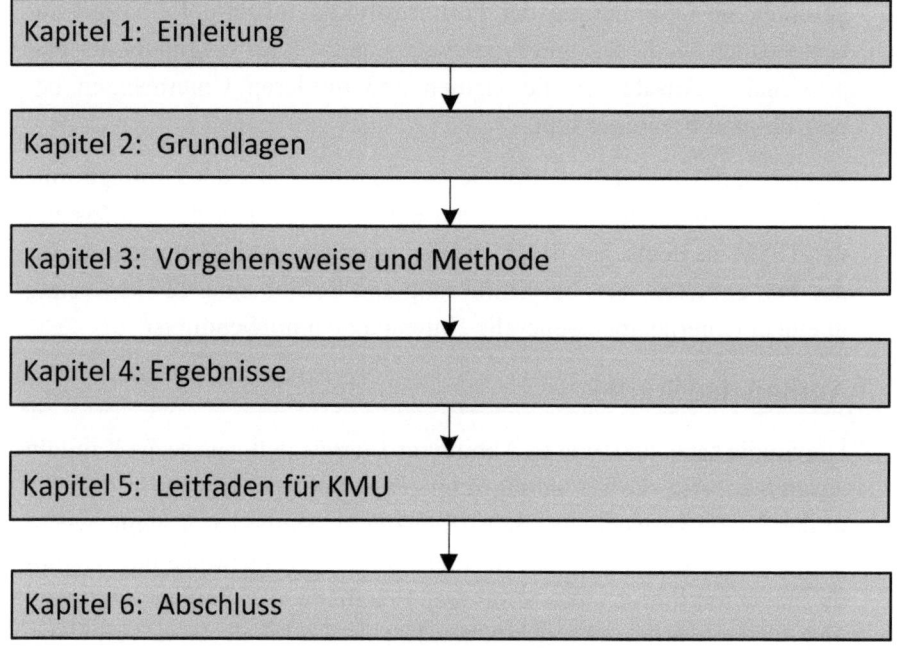

Abbildung 1: Aufbau der Studie

Die Basis dieser Studie bilden die Abschlussarbeiten des Autors Pascal Root.[2]

---

[2] Root (2013), Root (2014a) und Root (2014b)

Grundlagen

In diesem Kapitel werden grundlegende Begriffe zum IT-Servicemanagement und dessen Methoden kurz erläutert sowie etwas detaillierter auf den ITSM-Standard ITIL eingegangen. Anschließend wird das Reifegradmodell und der in dieser Studie verwendete KMU-Begriff definiert.

IT-Servicemanagement

Beschreibung

Mithilfe des IT-Servicemanagement (ITSM) werden die Aufgabenstellungen im beruflichen Alltag eines CIO, IT-Leiters oder der beteiligten Mitarbeiter bewältigt. Hierfür stehen eine Vielzahl von verschiedenen Methoden und Ansätzen bereit. Letztendlich ist ein zentraler Faktor des ITSM die Kosteneinsparung der IT, denn nur wenn selbige in einem überschaubaren Rahmen, also innerhalb eines vorhandenen Budgets, bleiben, kann ein modernes Unternehmen konkurrenzfähig arbeiten.

Es gibt allerdings, neben dem finanziellen Aspekt, noch weitere wichtige Faktoren wie z.b. die Orientierung der IT an den Geschäftsprozessen der Kunden. Die IT-Organisation muss die Geschäftsprozesse des Kunden kennen, um Services anzubieten, welche zum Erreichen der Unternehmensziele beitragen. Damit die IT-Organisation eine solche Geschäftsprozessorientierung erlangen kann, müssen Ziele definiert werden, an denen sich die Leistungserbringung orientiert und gemessen werden kann. Aus den Vereinbarungen über die zu erbringenden Services sowie den kundenspezifischen Anforderungen in Abhängigkeit der vorhandenen Möglichkeiten der IT-Organisation, ergeben sich die Ziele des ITSM. Kern dabei ist, neben der Bereitstellung der Services in der vereinbarten Qualität zum richtigen Zeitpunkt und im korrekten Umfang, die Orientierung am Bedarf der Benutzer, denn die individuelle Wahrnehmung spielt eine entscheidende Rolle für die Akzeptanz der definierten IT-Services.[3]

Zur Planung, Überwachung und Steuerung der Qualität und Quantität der IT-Services, muss das IT-Servicemanagement dabei nach folgenden Kriterien gestaltet werden:[4]

- **Zielgerichtet:** IT-Services richten sich an definierten Zielen aus und werden an diesen gemessen.
- **Geschäftsprozessorientiert:** Bestmögliche Unterstützung der Geschäftsprozesse des Kunden durch die IT-Services.
- **Benutzerfreundlich:** Nicht nur die objektive Qualität der IT-Services muss hochwertig sein, sondern auch die subjektive Wahrnehmung, und damit die Akzeptanz, durch den Benutzer (Kunden) spielt eine entscheidende Rolle.
- **Wirtschaftlich:** Die Effizienz (Zielerreichung mit angemessenem Aufwand) muss betrachtet und fortlaufend optimiert werden.

Begriffsdefinitionen

Das Service Management und die zugehörenden Konzepte "Service" und "Value" bilden das Kernkonzept von ITIL und dessen Servicelebenszyklus. Diese Kernbegriffe werden nachfolgend definiert.[5]

Service Management

Diese Definition von „Service Management" stammt aus der ITIL Literatur:

---

[3] Vgl. Beims (2010), S. 2.
[4] Vgl. Beims (2010), S. 3.
[5] Vgl. Bon (2008), S. 21.

> *"Service Management is a set of specialized organisational capabilities for providing value to customers in the form of services."*[6]

Übersetzt bedeutet das dem Sinn nach:

> *"Service Management ist ein Set von spezialisierten (fachlichen), organisatorischen Fähigkeiten zur Bereitstellung eines Mehrwertes für den Kunden in Form von Services."*[7]

Service

Service ist eine definierte Aufgabe (z.b. IT-Dienstleistung), die erforderlich ist um einen bestimmten Geschäftsprozess durchführen zu können.[8] Durch Services entstehen Mittel, die dem Kunden das Erreichen seiner angestrebten Ziele erleichtern *oder* diese fördern. Diesen Mehrwert erhält der Kunde ohne dabei Verantwortung für Risiken und Kosten tragen zu müssen. Services können somit die Performance erhöhen und gegebenenfalls Beschränkungen verringern.[9]

ITIL definiert den Begriff „Service" folgendermaßen:

> *"Eine Möglichkeit, einen Mehrwert für Kunden zu erbringen, indem das Erreichen der von den Kunden angestrebten Ergebnisse erleichtert oder gefördert wird. Dabei müssen die Kunden selbst keine Verantwortung für bestimmte Kosten und Risiken tragen."*[10]

---

[6] Service Strategy (2007), S. 15.
[7] Vgl. Bon (2008), S. 21.; Vgl. ähnlich auch Beims (2010), S. 3.
[8] Vgl. Köhler (2007), S. 30.
[9] Vgl. Bon (2008), S. 21.
[10] Vgl. Buchsein (2008), S. 12.

IT-Service

Der Begriff „IT-Service" stellt eine Konkretisierung des allgemeinen Begriffs „Service" auf den Bereich der IT dar:

> *"Ein Service, der für einen oder mehrere Kunden von einem IT Service Provider bereitgestellt wird. Ein IT Service basiert auf dem Einsatz der Informationstechnologie und unterstützt die Business-Prozesse des Kunden. Ein IT Service besteht aus einer Kombination von Personen, Prozessen sowie Technologie und sollte in einem Service Level Agreement[11] definiert werden. "[12]*

Value

Der Wert besteht in der Kundensicht aus zwei Kernkomponenten:[13]

- Utility: Was der Kunde erhalten möchte.
- Warranty: Wie es an den Kunden geliefert wird.

Methoden

ITSM lässt sich grob in Form von drei Faktoren beschreiben:[14]

- IT liefert Services
- IT ist Produktionsfaktor
- IT braucht klare Kommunikationswege

---

[11] Service Level Agreement bezeichnet eine Vereinbarung zwischen Auftraggeber und Dienstleister für eine erforderliche Konkretisierung der Leistungsverpflichtungen. Vgl. Bernhard (2006), S. 285-287.

[12] Vgl. Buchsein (2008), S. 13.

[13] Vgl. Bon (2008), S. 21.

[14] Vgl. Buchsein (2008), S. 5.

Gemäß ihrer konzeptionellen Ansätze gelten folgende Methoden als Best Practice[15] für das ITSM:

- ITIL: Siehe Kapitel „ITIL"
- COBIT: Ist ein international anerkanntes Framework zur IT-Governance[16] und gliedert die Aufgaben der IT in Prozesse und Control Objectives. COBIT definiert hierbei nicht vorrangig wie die Anforderungen umzusetzen sind, sondern primär was umzusetzen ist.
- ISO/IEC 20000: Ist eine international anerkannte Norm zum ITSM, in der die Anforderungen für ein professionelles ITSM dokumentiert sind.
- Balanced Scorecard: Ist ein Konzept zur Messung, Dokumentation und Steuerung der Aktivitäten eines Unternehmens bzw. einer Organisation im Hinblick auf seine Vision und Strategie.

ITIL und COBIT weisen dabei eine große Übereinstimmung hinsichtlich der ITSM-Prozesse auf, die Balanced Scorecard hingegen dient als Integrationsinstrument. Um das bestmögliche Kennzahlensystem für die jeweilige IT-Organisation aufzubauen, müssen die Komponenten dieser verschiedenen Ansätze optimal zusammengefügt und aufeinander abgestimmt werden. Die anfangs angesprochenen zu definierenden Ziele der ITSM-Prozesse, spielen dabei eine genauso zentrale Rolle wie die Voraussetzung, "dass das Prozess- und IT-Management das Kennzahlensystem als Führungsinstrument versteht und aktiv einsetzt."[17]

---

[15] Der Begriff Best Practice stammt aus der angloamerikanischen Betriebswirtschaftslehre und bezeichnet bewährte, optimale bzw. vorbildliche Methoden, Praktiken oder Vorgehensweisen im Unternehmen, welche die maximalen Vorteile in sich vereinigen.

[16] IT-Governance besteht aus Führung, Organisationsstrukturen und Prozessen, die sicherstellen, dass die IT die Unternehmensstrategie und -ziele unterstützt.

[17] Buchsein (2008), S. 5.

ITIL

Allgemein

Die IT Infrastructure Library wird allgemein als neutrale Best Practice-bzw. Good Practice[18]-Sammlung angesehen und steht in Form eines als Industriestandard geltenden Regelwerkes zur Verfügung.[19] Das Regel- und Definitionswerk hat sich über Jahrzehnte entwickelt und beschreibt die notwendigen Prozesse, die Aufbauorganisation und die Werkzeuge, welche für die strategische, taktische und operative Umsetzung von IT-Services vorhanden sein müssen. Das Ziel ist die Qualität der IT-Services im Hinblick auf die damit verbundenen Geschäftsziele zu ver-bessern. Zentrales Augenmerk liegt dabei auf dem wirtschaftlichen Mehrwert des Kunden, der durch den IT-Betrieb zu erbringen ist. „In-nerhalb von ITIL sind Konzepte oder Frameworks (Rahmenrichtlinien) von IT-Profis aus der Praxis für die Praxis (best practices) beschrie-ben."[20]

ITIL V3 definiert den Begriff "ITIL" folgendermaßen:

> „Ein Satz an Best Practice-Leitlinien für das IT-Servicemanagement. Inhaber von ITIL ist das OGC. ITIL um-fasst eine Reihe von Publikationen, die Leitlinien zur Bereit-stellung von qualitätsbasierten IT Services sowie zu den Pro-zessen und Einrichtungen bieten, die zur Unterstützung dieser Services erforderlich sind."[21]

ITIL wird demnach zur erfolgreichen Etablierung eines effektiven IT-Servicemanagements genutzt und besteht mittlerweile aus mehr als 20

---

[18] Best Practice bzw. Good Practice beschreibt einen optimalen Ansatz oder eine vorbildliche Methode, welche sich in der Praxis bewährt hat.
[19] Vgl. Ebel (2008), S. 39.
[20] Köhler (2007), S. 24.
[21] Buchsein (2008), S. 15.

unterschiedlichen Prozessen.[22] Es bietet dabei eher eine Beschreibung, welche aufzeigt, „was" getan werden muss, und weniger, „wie" es umgesetzt werden soll. Dies führt zu der Schlussfolgerung, dass ITIL von jedem Unternehmen anders ausgestaltet werden kann, um eine möglichst optimale Unterstützung der eigenen Geschäftsprozesse zu gewährleisten. Zusammenfassend wird mithilfe von ITIL idealerweise die Effizienz gesteigert, die Servicequalität verbessert und die Kundenzufriedenheit erhöht.[23] ITIL ist dabei kein Selbstzweck, sondern immer im Zusammenhang mit den zu unterstützenden Geschäftsprozessen zu sehen.

Die folgenden Abschnitte stellen die ITIL Versionen 2 und 3 kurz vor. Der anschließende Vergleich verdeutlicht, warum die Version 2 als Grundlage für das in der Studie und der Umfrage zugrundeliegende Prozess-Reifegradmodell verwendet wurde.

ITIL Version 2

ITIL V2 besteht aus sieben Büchern und einem ergänzenden Teil. Diese Bücher mit über zwanzig Einzelprozessen dienen zur Abdeckung des IT-gestützten Geschäftsalltags und geben einen Rahmen vor, wie ein optimaler IT-Service innerhalb eines Unternehmens implementiert werden kann. ITIL baut gewissermaßen eine Brücke zwischen den geschäftlichen Anforderungen eines Unternehmens und der IT-Infrastruktur.[24] Von den sieben Publikationen "Service Support", "Service Delivery", "Security Management", "Business Perspektive", "ICT Infrastructure Management", "Application Management" und "Planning to Implement Service Management" beinhalten die ersten drei genannten die relevanten IT-Servicemanagement-Prozesse und bilden das Tagesgeschäft im IT-Service ab.

---

[22] Vgl. Köhler (2007), S. 24.
[23] Vgl. Beims (2010), S. 5.
[24] Vgl. Köhler (2007), S. 37/38.; vgl. ähnlich auch Buchsein (2008), S. 7.

27

"Service Delivery" und "Service Support" haben sich in der Praxis als Kern durchgesetzt und beinhalten die zehn wichtigsten Serviceprozesse, welche die Grundlage für unsere Umfrage bilden.[25] Die folgende Abbildung 2 zeigt eine Übersicht dieser zehn Serviceprozesse sowie zwei für unsere Studie ebenfalls wichtige ergänzende Prozesse.

Service Delivery   Service Support

ITIL

☐ Availability Management ☐ Change Management

☐ Contingency Planning ☐ Configuration Management

☐ Capacity Management ☐ Incident Management

☐ Financial Management ☐ Problem Management

☐ Service Level Management ☐ Release Management

Ergänzende Prozesse

Security Management	ICT Infrastructure Management

Abbildung 2: Die 10 wichtigsten Serviceprozesse von ITIL V2[26]

ITIL Version 3 und der Service Lebenszyklus

ITIL Version 3 zielt auf eine noch bessere Ausrichtung der IT-Organisation an den Geschäftsprozessen und Anforderungen des Kunden sowie einer IT-/Business Integration ab.[27] ITIL V3 erhielt dafür eine komplett neue Struktur und definiert darüber hinaus nicht nur Prozesse für das Service Management, sondern für den gesamten Service

---

[25] Vgl. Köhler (2007), S. 38.
[26] Quelle: eigene Darstellung in Anlehnung an OGC (2005).
[27] Vgl. Buchsein (2008), S. 12.

Lebenszyklus. Dieser geht von der Strategie, dem Design, der Überführung in den Betrieb, bis hin zum operativen Betrieb sowie einem kontinuierlichen Verbesserungsprozess dieser Phasen.

Die Orientierung der Inhalte des Rahmenwerks ITIL V3 am Lebenszyklus des Services führt zu einer stärkeren Einbeziehung der Businessanforderungen. Im Mittelpunkt steht daher mehr denn je die Serviceerbringung und nicht mehr der Prozess als solcher. Darüber hinaus bindet ITIL V3 mit dem Baustein "Service Strategy" auch die Unternehmensleitung verstärkt mit ein und liefert Wissen und Methoden für die Ausrichtung der IT-Services an den Zielen des Unternehmens. Es besteht dabei aus fünf Büchern und einer umfassenden Einführung.[28]

Wie in der folgenden Abbildung 3 zu sehen ist, bildet die Phase "Service Strategy" den Kern des Service Lebenszyklus und dient damit als Antreiber für die darauf aufbauenden Phasen "Service Design", "Service Transition" und "Service Operation", welche dazu dienen, die Strategie umzusetzen. Die Phase "Continual Service Improvement" umfasst alle Phasen und unterstützt das Ziel des Service Lebenszyklus, nämlich der ständigen Verbesserung der Services sowie der Serviceerbringung und damit einhergehend die Schaffung und Wahrung von Mehrwert für den Kunden.[29]

Die einzelnen Phasen haben nicht nur spezielle Zielsetzungen und Aufgaben, sondern auch definierte Übergänge zwischen einander und der Service Lebenszyklus bietet dadurch eine erhöhte Flexibilität und Kontrolle.[30]

---

[28] Vgl. Beims (2010), S. 13.
[29] Vgl. Buchsein (2008), S. 16.
[30] Vgl. Bon (2008), S. 20.

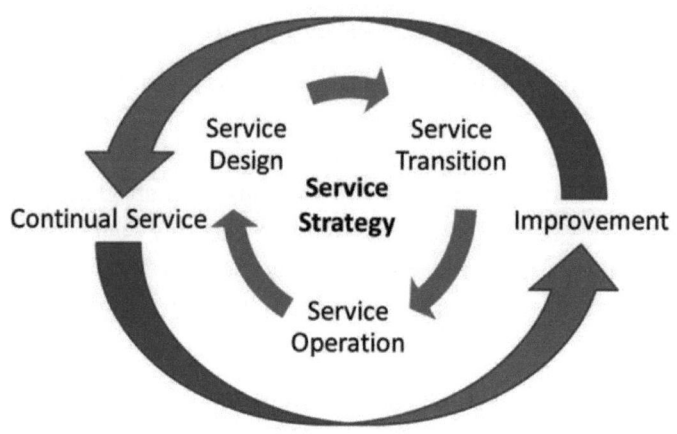

Abbildung 3: Service Lebenszyklus von ITIL Version 3[31]

Vergleich zwischen Version 2 und Version 3

Vergleicht man ITIL V2 und ITIL V3 miteinander, so stößt man häufig auf die Aussage, dass man die Komplexität reduziert habe, indem man die definierten Prozesse in fünf anstatt acht Büchern beschreibt. Dieser Trugschluss kann zu Missverständnissen führen, denn wie bereits erwähnt haben sich nur zwei Bände ("Service Delivery" und "Service Support") aus ITIL V2 in der Praxis durchgesetzt. Die zehn in diesen zwei Bändern definierten Prozesse wurden in ITIL V3 in sechsundzwanzig Prozesse und Funktionen über alle fünf Publikationen hinweg definiert. Dies liegt vorrangig an der neuen Strukturierung von ITIL in einem Service Lebenszyklus. Dennoch führt diese feinere Aufteilung für die breite Masse zu einer stark erhöhten Komplexität in der Umsetzung. Auch hat sich die Detailstufe pro Prozess verringert, sodass so-

---

[31] Quelle: eigene Darstellung in Anlehnung an Bon (2008), S. 20.

wohl der Prozessablauf als auch die enthaltenen Schnittstellen weniger konkret beschrieben sind und mehr Interpretationsspielraum lassen.[32]

Weiterhin ist die sehr große Anzahl von definierten Rollen in ITIL V3 wahrscheinlich nur für große Firmen umsetzbar. Darüber hinaus sind lediglich die neu aufgenommenen Wartungsprozesse und die wesentlich detaillierter beschriebene Überführung der IT-Services in den Betrieb für den Großteil der IT-Branche von praxisrelevanter Bedeutung.[33]

Da unsere Studie die aktuelle ITSM-Situation in KMU abfragen soll, haben wir uns für die sehr viel realistischeren Prozesse aus ITIL V2 entschieden. Bei den Unternehmen, die diese Prozesse weitestgehend umgesetzt haben, kann es dann Sinn machen, sie auch nach der Umsetzung der ITIL V3 Phasen zu befragen. Hier wäre dann interessant zu untersuchen, welche Bestandteile aus ITIL V3 hinzukämen und damit wohl einen wirklichen Mehrwert für das jeweilige Unternehmen bieten würden.

Prozess-Reifegradmodell

IT-Servicemanagement muss sich, wie schon dargestellt, auf dokumentierte, wiederholbare und optimierte Prozesse stützen, um effektiv zu sein. Zur Messung der Qualität von Serviceprozessen bietet sich die Verwendung von Prozess-Reifegradmodellen an.

Um eine möglichst große Rücklaufquote der Umfrage zu erhalten, entstand die Idee den Befragten einen nützlichen Gegenwert, in Form einer individuellen Auswertung ihrer Befragungsergebnisse anhand einer Reifegraddarstellung, anzubieten. Somit findet im Anschluss an die Befragung eine Einstufung der Unternehmen auf Basis ihrer individuellen Situationen statt.

---

[32] Vgl. Kittel (2011), S. 57.
[33] Vgl. Wischki (2009), S. 119-121.

Um einzuschätzen, zu welchem Grad IT-Servicemanagement bei dem teilnehmenden Unternehmen umgesetzt ist und welchen Reifegrad die Prozesse erreichen, wird das Process-Maturity-Model (PMM)[34] als etablierter und in ITIL benutzter Standard verwendet. Die im PMM genutzten Kategorien sind vergleichbar mit denen der Capability Maturity Model Integration (CMMI)[35].

In jedem der zehn Prozesse sind, durch Beantwortung der Fragen, 0 bis maximal 9 Punkte erreichbar. Die Punktzahl drückt aus, welcher von fünf möglichen Reifegraden in dem jeweiligen Prozess erreicht wird:

- 0-1 Punkt(e) = Reifegrad 0
- 2-3 Punkt(e) = Reifegrad 1
- 4-5 Punkt(e) = Reifegrad 2
- 6-7 Punkt(e) = Reifegrad 3
- 8-9 Punkt(e) = Reifegrad 4

Genau genommen gibt es innerhalb der einzelnen Reifegradstufen noch eine feinere Untergliederung in einen unteren und oberen Bereich, sodass ein Teilnehmer im Prinzip zehn unterschiedliche Reifegrade erreichen kann. Beispielsweise bedeuten 0 Punkte einen Reifegrad von „0: Nicht vorhanden" und 1 Punkt einen Reifegrad von „0: Unvollständig". Somit ist eine Eingliederung in den unteren und oberen Bereich einer jeden Stufe nicht nur möglich, sondern auch von Relevanz. In Anlehnung an die eingangs genannten Referenzmodelle, werden im Rahmen dieser Studie die in der Tabelle 1 dargestellten Bedeutungen der einzelnen Reifegradstufen verwendet.

---

[34] Vgl. BPTrends, 2009.
[35] Vgl. CMMI Institute, 2013; vgl. Chrissis, 2011.

Ebene	Beschreibung/Messwerte
0: Nicht vorhanden – Unvollständig	• Kein Prozess definiert. • Prozessschritte nicht festgelegt (eher projekt- als prozessorientiert). • Input und Ergebnis nicht definiert. • Wiederholbarkeit nicht gegeben.
1: Sensibilisiert – Organisiert	• Bewusstsein für Arbeitsabläufe bei Mitarbeiterinnen und Mitarbeitern (MA) vorhanden • Prozess ist (in Teilen) organisiert. • Input und Ergebnisse definiert • Prozesse sind nicht abgestimmt.
2: Etabliert – Standardisiert	• Prozess ist dokumentiert und wiederholbar. • Prozesse sind aufeinander abgestimmt. • Rollen und Verantwortlichkeiten sind klar geregelt.
3: Gereift – Vorhersehbar	• Qualitätskriterien existieren. • Qualitätsziele sind definiert und werden gemessen. • Verbesserungen sind gezielt möglich. • Prozessergebnisse sind vorhersehbar und haben eine gute Qualität.
4: Optimiert – Exzellent	• Stärken und Schwächen der Prozesse sind transparent. • Prozesse werden kontinuierlich entsprechend den Messwerten an die Qualitätsziele angepasst. • Qualitätsziele werden fortlaufend an den Unternehmenszielen ausgerichtet. • Exzellenz der Prozesse resultiert in einer hohen Effektivität und Flexibilität des ITSM.

Tabelle 1: Reifegradstufen (verkürzte Darstellung)

KMU-Begriff

In Deutschland ist der Begriff "wirtschaftlicher Mittelstand" gebräuchlich. In allen übrigen europäischen Ländern spricht man allerdings von kleinen und mittelständischen Unternehmen [eng: Small and Medium-sized Businesses (SMB) oder Small and Medium-sized Enterprises (SME)]. Diese Unternehmen stellen in Deutschland die größte Anzahl an Unternehmen der Gesamtwirtschaft dar. In statistisch erhobenen Zahlen der IfM Bonn aus dem Jahr 2012 heißt dies für Deutschland:[36]

- 3,65 Millionen KMU in Deutschland (99,6% aller Unternehmen)
- 2,149 Billionen Euro Umsatz (35,3% des gesamten Umsatzes)
- 15,97 Millionen sozialversicherungspflichtig Beschäftigte (59,4% aller Beschäftigten)

Anhand dieser Zahlen wird deutlich, dass die KMU ein wesentlicher Faktor für den Erfolg der europäischen sowie der deutschen Wirtschaft sind. Es gibt zwei unterschiedliche Kriterienkataloge, die als Grundlage der Einordnung eines Unternehmens als KMU dienen können. Das IfM Bonn analysiert die Lage des Mittelstandes und dient der Politik zur Erarbeitung von Verbesserungsvorschlägen. Die Europäische Union (EU) hingegen stellt eine europaweit gültige Definition auf, um Verzerrungen auf dem Binnenmarkt zu vermeiden, und liefert eine eindeutige Sichtweise bei der Beantragung von Fördermitteln.[37]

Unter quantitativen Gesichtspunkten beschreibt der Begriff des wirtschaftlichen Mittelstandes die Gesamtheit von Unternehmen und freien Berufen über alle Branchen hinweg, soweit diese eine bestimmte Größe nicht überschreiten. Darüber hinaus werden Öffentliche Verwaltungen, wie z.B. die Stadtverwaltung Dortmund, zum Mittelstand gezählt, so-

---

[36] Vgl. IfM Bonn (2012).
[37] Vgl. Schulze (2010), S. 8; Vgl. ähnlich auch IfM Bonn (2002), S. 1-4; Vgl. ähnlich auch SME-Userguide (2006)

fern diese nicht anhand der in der Tabelle 2 dargestellten Bewertungskriterien der EU ausgeschlossen werden.

	Mittleres Unternehmen	**Kleines Unternehmen**	**Kleinstunternehmen**
EU	< 250 Mitarbeiter <= 50 Mio. Euro Umsatz oder <=43 Mio. Euro Bilanzsumme	< 50 Mitarbeiter <= 10 Mio. Euro Umsatz oder <=10 Mio. Euro Bilanzsumme	< 10 Mitarbeiter <= 2 Mio. Euro Umsatz oder <=2 Mio. Euro Bilanzsumme
IfM Bonn	< 500 Mitarbeiter <= 50 Mio. Euro Umsatz	< 10 Mitarbeiter <= 1 Mio. Euro Umsatz	

Tabelle 2: KMU-Kriterien der EU und des IfM Bonn38

In dieser Studie werden alle Unternehmen mit weniger als 250 Mitarbeitern als KMU bezeichnet, entsprechend alle Unternehmen mit 250 oder mehr Mitarbeitern als Großunternehmen. Zur Einteilung von KMU ist nach dem obigen Exkurs nicht nur die Gesamtmitarbeiterzahl, sondern auch der Umsatz ein entscheidender Indikator. Bei einer freiwilligen Umfrage ist es eher nicht der Normalfall, dass nach dem Firmenumsatz gefragt wird bzw. dass die Teilnehmer gerne darauf antworten. Somit wurde in der Umfrage bewusst auf diese Frage verzichtet, um mögliche Teilnehmer nicht zu hemmen. Eine feinere Einteilung der teilnehmenden Unternehmen ist daher nicht möglich. Dennoch lässt sich sagen, dass sehr viele Großunternehmen teilgenommen haben, obwohl die Umfrage gezielt an KMU gerichtet war.

---

[38] Quelle: eigene Darstellung in Anlehnung an Schulze (2010), S. 8.

Vorgehensweise und Methode

Diese Kapitel beschreibt die Befragung, die Datengrundlage, die Auswertungsmethode und geht kurz auf die Glaubwürdigkeit von Online-Umfragen ein.

Befragung

Das Forschungsprojekt "Simulation von komplexen Service-Infrastrukturen (SIMKOSI)" an der Fachhochschule Dortmund bildete den Rahmen für die praktische Befragung von verschiedenen Unternehmen aus dem Mittelstand, um die Anforderungen der KMU an ITSM und ITIL anhand von realen Unternehmen herauszufinden.

Operationalisierung

Operationalisierung bedeutet die Umsetzung von Untersuchungsfragen in eine handhabbar gemachte Form, die eine Messung bzw. die Datengewinnung ermöglicht. Aufgrund des Mangels an Literatur und vorhandenen bzw. aktuellen Studien zu dem Thema "ITSM in KMU" war die Durchführung einer eigenen Datenerhebung notwendig. Die Befragung erfolgte dabei anonym und wurde unter quantitativen Gesichtspunkten an möglichst viele Probanden adressiert, damit eine angemessene sowie aussagekräftige Rücklaufquote erreicht werden konnte. Die Zielgruppe umfasste KMU im gesamten Bundesgebiet, welche ITSM bereits nutzen und solche, die es aktuell noch nicht tun oder sich unklar über dessen Nutzen sind.

Aus dem geforderten Informationsbedarf mussten Fragen entwickelt werden, welche zu der gewählten, quantitativen Methode passen. Quantitativ bedeutet hier, dass es wichtiger war viele Teilnehmer zu erreichen, als wenige, qualitativ hochwertigere Antworten zu bekommen. Innerhalb der quantitativen Marktforschung werden geschlossene Fragen bevorzugt, um später eine bessere Auswertbarkeit der Ergebnisse gewährleisten zu können. Der Proband bekommt eine oder mehrere

Antwortmöglichkeiten vorgegeben und wird somit bei der Beantwortung unterstützt. Diese gestützten Fragen können Alternativfragen, welche nur eine Antwort aus der Auswahl zulassen, oder Fragen mit Mehrfachauswahl[39] sein. Dagegen generieren offene Fragen Antworten, welche ein individuelles Interpretationsmodell erfordern und somit geringere Vergleichbarkeit bieten.

Die Grundgesamtheit stellen alle KMU in Deutschland dar, wobei nur eine Teilerhebung von ca. 200 Teilnehmern angestrebt bzw. als realistisch angesehen wurde. Zur Erreichung dieser Stichprobengröße gab es keine spezielle Auswahl, sondern eine freiwillige Teilnahme für jedes Unternehmen, welches die Mitteilung über die Umfrage auf den jeweiligen Quellen gelesen hat.

Um die Befragungsergebnisse nicht durch Emotionen gegenüber dem ITIL Rahmenwerk zu verfälschen, wurde auf eine allgemeinere ITSM-Befragung umgestellt. Die Prozessnamen wurden nach Möglichkeit in Deutsch übersetzt, um einen direkten ITIL-Bezug zu vermeiden und sie möglichst allgemeinverständlich zu halten.

Eine weitere Schwierigkeit war es, eine Möglichkeit zu finden, die einzelnen Unternehmen zur Beantwortung des dreißigminütigen Fragebogens zu motivieren. Dieses sollte so erfolgen, dass sie dabei gleichzeitig angespornt werden ehrliche Antworten geben. Um also eine möglichst große Rücklaufquote zu erhalten, entstand die Idee den Befragten einen nützlichen Gegenwert, in Form einer individuellen Auswertung ihrer Befragungsergebnisse anhand einer Reifegraddarstellung, anzubieten. Die Einstufung der Unternehmen erfolgt somit auf Basis ihrer individuellen Situation. Die folgende Auflistung zeigt den Aufbau bzw. die Struktur der Befragung und wird in der Folge näher erläutert.

---

[39] Der Proband kann bei einer vorhandenen Mehrfachauswahl mehrere Antworten auswählen und ist nicht auf die Festlegung für eine Antwortmöglichkeit begrenzt.

Struktur

- Einleitung
- Fragen zum Unternehmen:
  - o Fragen zur Branche und der Anzahl der Mitarbeiter (insgesamt und in der internen IT)
- Fragen zu den Kernprozessen:
  - o IT-Störungsmanagement
  - o Veränderungsmanagement
  - o Konfigurationsmanagement
  - o Release Management
  - o Service Level Management
  - o Operationales Management
  - o Verfügbarkeitsmanagement
  - o Kapazitätsmanagement
  - o Kontinuitätsmanagement
  - o Sicherheitsmanagement
- Fragen zu IT-Servicemanagement im Unternehmen:
  - o Fragen zu den verwendeten Frameworks/Standards aus dem Bereich ITSM im Unternehmen bzw. Gründen, welche gegen einen Einsatz sprechen
  - o Fragen zu den persönlichen Anforderungen der Unternehmen an eine ITSM-Einführung
  - o Fragen zu Schwachstellen und Änderungen an Prozessen mit der Möglichkeit, Antworten als Freitext zu geben
- Eingabe der Kontaktdaten der Teilnehmer
- Schlusswort und Anzeige der Kontaktdaten der Ersteller

Fragen zum Unternehmen

Die ersten drei Fragen dienen der Kategorisierung der Unternehmen. Damit die Umfrageergebnisse vergleichbar sind, ist es notwendig die Teilnehmer anhand ihrer Branche und der Anzahl an Mitarbeitern voneinander abzugrenzen. Von besonderer Wichtigkeit ist auch die Angabe der Mitarbeiterzahl in der internen IT. Diese Kennzahlen bilden später einen wichtigen Indikator für die Bewertung und Auswertung der Unternehmensangaben. Wichtig ist hierbei eine differenzierte Bewertung von unterschiedlichen Branchen und Mitarbeiterzahlen, um das KMU-Umfeld im Vergleich zu Großunternehmen korrekt einzuordnen.

Fragen zu den Kernprozessen

Kern der Umfrage bilden zehn Prozessbereiche. Hierbei wurde anhand von ITSM, speziell dem Framework ITIL in der Version 2, eine Auswahl an zentralen IT-Prozessen getroffen. Die in der Abbildung 2 ermittelten Kernprozesse haben auch für die kleinen und mittelständischen Unternehmen, welche ITIL und insbesondere die Version 3 wegen seiner Komplexität nicht umsetzen können bzw. wollen, eine große Relevanz. Aus diesen zwölf Prozessen kristallisieren sich die zehn Prozessbereiche heraus, welche in dieser Umfrage behandelt werden. Dabei gibt es folgende Änderungen:

- „Incident Management" und „Problem Management" werden zu „IT-Störungsmanagement" zusammengefasst.
- „Contingency Management" wird durch „Kontinuitätsmanagement" ersetzt.
- „Financial Management" und „Applications Management" werden entfernt.
- „ICT Infrastructure Management" und „Planning to Implement Service Management" werden durch „Operationales Management" ersetzt.
- Alle hier nicht genannten Prozesse werden ins Deutsche übersetzt wie z.B. Availability Management in Verfügbarkeitsmanagement.

In drei bis sieben Fragen zu jedem dieser Prozesse wird das jeweilige Thema grob abgebildet. Die Anzahl der Fragen wird durch die vorhergehenden Antworten bestimmt. Bejaht ein Teilnehmer beispielsweise

die erste Frage zur Existenz eines Prozesses zur Autorisierung und Inbetriebnahme neuer Softwareprodukte bei dem Prozess „Release Management", so folgt keine Unterfrage sondern stattdessen direkt die
nächste Hauptfrage. Wird die Frage allerdings verneint, werden mithilfe einer Unterfrage, welche dann wiederum die Art und Weise der Einführung bzw. Verteilung neuer Softwareprodukte erfragt, detailliertere
Angaben und Gründe in Erfahrung gebracht.

Fragen zu IT-Servicemanagement im Unternehmen

An die einzelnen Prozessbereiche schließt sich der Bereich "IT-
Servicemanagement in Ihrem Unternehmen" an. Hier werden Fragen zu
bereits verwendeten Frameworks/Standards aus ITSM und Meinungen
sowie Anforderungen bezüglich einer ITSM-Einführung erfragt. In
diesem Abschnitt hat der Teilnehmer mehrfach die Möglichkeit, über
Freitextfelder eigene Antworten und Feedback zu erstellen. Dieser Abschnitt wird nicht automatisiert bearbeitet und ist somit kein Bestandteil
der direkten Auswertung, sondern bedarf aufgrund der offenen Fragen
eine manuelle Analyse.

Kontaktdaten und Schlusswort

Zum Ende der Befragung erhält das teilnehmende Unternehmen bzw.
die teilnehmende Person aus dem Unternehmen die Möglichkeit ihre
Kontaktdaten einzugeben. Diese werden später für die Versendung der
Ergebnisse benötigt. Anschließend erscheint das Schlusswort mit dem
Verweis auf das Forschungsprojekt SIMKOSI sowie den Kontaktadres-
sen von Herrn Prof. Dr. Achim Schmidtmann und Herrn Pascal Root.

Durchführung der Umfrage

Unmittelbar im Anschluss an die Fertigstellung der finalen Version des
Fragebogens, wurde die Vorbereitung zur Durchführung eingeleitet.
Zur Bereitstellung der Umfrage als Online-Version wurde erst eine

kostenpflichtige Umfrage-Plattform und später die eigene Website „www.itsm-wissen.de" verwendet.

Die Kommunikation und Publizierung der Umfrage erfolgte mit einem Pressetext über mehrere Kanäle im Internet, wie z.B. E-Mail-Verteiler, Fachpresse, verschiedene Portale (XING[40], LinkedIN[41], itSMF[42]), Websites (www.heise.de[43]) und der Online Plattform von SIMKOSI (www.simkosi.de). Ziel war es auf diese Weise eine möglichst große Anzahl an Probanden zu erreichen. Die Bekanntmachung auf renommierten Plattformen und Internetseiten, führte zu hohen Teilnehmerzahlen, die in die im Abschnitt Ergebnisse detailliert ausgewertet werden.

Reifegradmessung

Wie im Abschnitt Prozess-Reifegradmodell bereits dargelegt, bietet sich zur Messung der Qualität von Serviceprozessen die Verwendung von Prozess-Reifegradmodellen an. Dort wurde auch das eigens für diese Reifegradmessung entwickelte Referenzmodell bereits beschrieben. Alle Teilnehmer der Umfrage, welche eine gültige E-Mail-Adresse in den Kontaktdaten angegeben haben, erhielten einige Wochen nach Abschluss des Ausfüllens des Fragebogens eine kostenlose und individuelle Reifegradmessung in Form einer mehrseitigen PDF-Datei. Die-

---

[40] Xing ist ein soziales Netzwerk, in dem Mitglieder (private Nutzer und Unternehmen) vorrangig ihre beruflichen und/oder privaten Kontakte zu anderen Mitgliedern verwalten und neue Kontakte finden können.

[41] LinkedIn ist ein webbasiertes soziales Netzwerk zur Pflege bestehender Geschäftskontakte und zum Knüpfen von neuen Verbindungen. Es ist mit über 277 Millionen registrierten Nutzern in mehr als 200 Ländern (Stand: Juni 2014) die derzeit größte Plattform dieser Art.

[42] itSMF ist eine unabhängige und internationale Organisation für ITSM-Spezialisten weltweit, welche „Best Practices" rund um IT-Services sammelt, entwickelt und veröffentlicht. Sie bietet dafür eine Plattform zum Wissens- und Erfahrungsaustausch. Vgl. itSMF (2014).

[43] Vgl. Heise (2014)

ses Dokument basiert natürlich nur auf der Umfrage und kann deswegen nur eine recht grobe Einordnung geben. Die Fachhochschule Dortmund bietet darüber hinaus aber auch fachliche Unterstützung bei ITSM-Themen und mit dieser Studie und der dazugehörigen Website (www.itsm-wissen.de) eine Gesamtauswertung der Ergebnisse sowie einen Vergleich mit Unternehmen aus derselben Branche. Eine zusätzliche Option ist die Durchführung von Folgemessungen, u.a. kann damit den Nutzern die Möglichkeit gegeben werden, die weitergehende Entwicklung des ITSM in ihrem Unternehmen im Zeitablauf zu verfolgen und zu überprüfen. Diese Fortführung ist ebenfalls über die Website und eine erneute Teilnahme an der Umfrage möglich.

Bei einer Teilnahme von mehreren Hundert Probanden ist der automatisierte Ablauf einer solchen Reifegradmessung erforderlich. Dabei bestand die Schwierigkeit darin, die Einschätzung nicht zu allgemein und oberflächlich vorzunehmen. Einerseits ist es nicht möglich einen Automatismus zu erstellen, welcher bei einer Vielzahl an unterschiedlichen Unternehmen eine detaillierte und tiefgehende Unternehmensanalyse auf Basis einer begrenzten Zahl Fragen erstellt, andererseits soll das Dokument nicht zu oberflächlich und zu standardisiert erscheinen.

Aus diesem Grunde war ein längerer Entwicklungsprozess notwendig, um die vorhandenen Möglichkeiten mit den Erwartungen und Ideen der Projektteilnehmer zu einem zufriedenstellenden Ergebnis zu verbinden. Kern der ganzen Reifegradmessung ist die Frage „Wogegen wird der Reifegrad überhaupt gemessen?". Daher ist die Definition eines speziell dafür vorgesehenen Referenzmodells notwendig, auf Basis dessen der erreichte Reifegrad gemessen werden kann. Des Weiteren musste geklärt werden, ob ein Faktor einberechnet werden soll, welcher eine differenzierte Bewertung der Unternehmen anhand ihrer Größe und ihrer Branche vornimmt und darüber hinaus auch die Anzahl an internen IT-Mitarbeitern differenziert behandelt.

Nachfolgend wird kurz der Aufbau eines Reifegraddokuments aufgezeigt:

- Einleitung: Persönliche Anrede und Einführung in das Thema der Umfrage sowie Danksagung und Angabe der Kontaktdaten.
- Reifegradmodell: Beschreibung des verwendeten Reifegradmodells in Anlehnung an PMM bzw. CMMI und entsprechende Quellenangaben. Weiterhin werden hier die fünf unterschiedlichen Reifegradstufen mit einer Beschreibung und der Angabe von Messwerten definiert. Anschließend wird darauf hingewiesen, dass für die Ermittlung mehrere individuelle Aspekte ausschlaggebend sind und bei einer Teilnahme von vielen unterschiedlichen Unternehmen, die Ergebnisse zu einem gewissen Grad standardisiert sind.
- Management Summary: Grafische Darstellung der einzelnen Reifegradstufen in allen Prozessen sowie des übergreifenden ITSM-Reifegrades, welcher als arithmetisches Mittel ohne Gewichtung errechnet wird. Die Teilnehmer haben somit einen Überblick über alle Ergebnisse und können sich anschließend die detaillierte Auswertung der einzelnen Prozesse ansehen.
- Prozessbereiche: Definition des Prozesses, eine Grafik zur Veranschaulichung des erreichten Reifegrades und der individuelle Auswertungstext, welcher auf Basis der gegebenen Antworten erstellt wurde.
- Schlusswort: Einführung in das Forschungsprojekt SIMKOSI an der Fachhochschule Dortmund und Nennung der Institutionen, welche diese Studie mit Fördergeldern unterstützen. Danksagung an die synetics GmbH, welche als Projektpartner eine große Unterstützung war. Anschließend gibt es einen kleinen Ausblick auf das geplante Kompetenzzentrum für KMU an der FH Dortmund.

- Anhang:
    - o Fragen und Antworten:
        - ▪ Eine Auflistung aller Fragen des Fragebogens sowie der vom Teilnehmer gegebenen Antworten, damit dieser die Herleitung seiner Ergebnisse aus seinen vorherigen Angaben nachvollziehen kann.
    - o Quellenverzeichnis:
        - ▪ Angabe der Quellen aus denen Informationen für die Reifegradmessung verwendet wurden (z.B. CMMI).

Diese individuelle Analyse gibt einen Überblick zur aktuellen Nutzung von ITSM in dem jeweiligen Unternehmen und zeigt auf, wo ggf. noch Verbesserungspotenziale vorhanden sind.

Um die bestehenden Prozesse analysieren und bewerten zu können, wurden diese abhängig vom Implementierungsgrad und weiteren Unternehmensparametern, wie z.B. der Mitarbeiterzahl, sogenannten Reifegradstufen zugeordnet. Diese weiteren Unternehmensparameter bilden einen Faktor, welcher z.B. ein kleines Unternehmen, aus einer Branche ohne großen Bezug zur IT, anders bewertet als ein größeres Unternehmen aus der IT Branche. Für die Ermittlung der Reifegrade sind somit die gegebenen Antworten und der errechnete Faktor ausschlaggebend, um eine korrekte Zuordnung der Reifegrade für unterschiedliche Unternehmensgrößen und Anforderungen an die IT zu gewährleisten.

Dennoch ist diese Reifegradmessung weder vollständig noch bildet sie eine tiefgehende Unternehmensanalyse der realen Umstände ab. Eine gewisse Standardisierung kann bei einer automatisierten Auswertung nicht vermieden werden und diese war bei der hohen Anzahl an Teilnehmern unausweichlich.

Datengrundlage

Mittlerweile ist die Umfrage auf eine studieneigene Internetseite der FH Dortmund umgezogen. Zusätzlich bietet diese nun die Möglichkeit zur sofortigen Einsicht der eigenen Ergebnisse sowie zur Gesamtauswertung der Umfrageergebnisse. Weiterhin besteht die Möglichkeit zur erneuten Teilnahme nach Ablauf eines Jahres. Diese Option dient zur Überprüfung der eigenen Entwicklung im ITSM. In der folgenden Abbildung 4 ist der Navigationsbereich nach dem Einloggen dargestellt.

Abbildung 4: Teilnehmerbereich der Website zur Auswertung[44]

---

[44] Quelle: Bildschirmausschnitt der Gesamtauswertung, vgl. itsm-wissen (2015).

Jeder Teilnehmer der Umfrage erhält einen benutzerbezogenen Account, welcher die jeweils in der Umfrage erfassten Daten sowie die Ergebnisse der Analyse und Reifegradmessung beinhaltet. Anhand dieser Auswertung kann das teilnehmende Unternehmen sich entsprechend einordnen und mit anderen Unternehmen derselben oder unterschiedlicher Größe vergleichen. In der Auswertung hat der Benutzer die Möglichkeit sich alle Fragen und alle Prozessreifegrade in Form von Kreisdiagrammen anzusehen. Diese zeigen die prozentuale Aufteilung der Teilnehmer, wobei die eigene Antwort bzw. der selbst erreichte Reifegrad hervorgehoben wird.

Durch die verschiedenen Filtermöglichkeiten (Branche, Mitarbeiteranzahl, Anzahl Mitarbeiter in der internen IT) aus der Abbildung 5 ergibt sich eine Vielzahl an unterschiedlichen Anzeigeoptionen. Diese geben Aufschluss darüber, wie sich bestimmte Prozesse im Vergleich zum Durchschnitt in der eigenen oder auch in anderen Branchen positionieren.

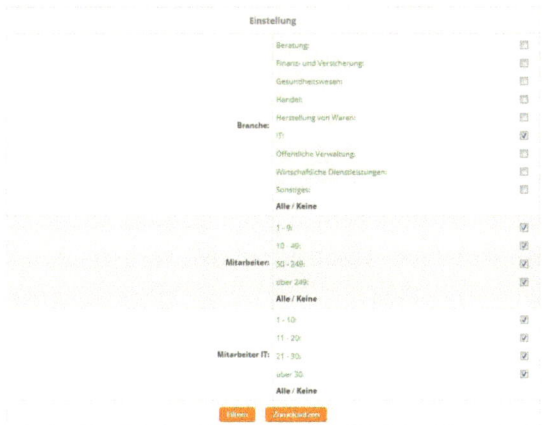

Abbildung 5: Einstellungsoptionen der Filter für die Auswertung[45]

---

[45] Quelle: Bildschirmausschnitt der Gesamtauswertung, vgl. itsm-wissen (2015).

Es ist weiterhin möglich an der Umfrage teilzunehmen. Diese Nachzügler werden umgehend in die Gesamtauswertung integriert und erhalten daraufhin ihr Reifegraddokument sowie die persönlichen Benutzerdaten zugeschickt, wodurch eine kontinuierliche Erweiterung der erhobenen Daten erreicht wird.

Auswertungsmethode

Die Studie zielt darauf ab, den Ist-Zustand des ITSM im Bereich der KMU zu ermitteln und zu bewerten. Dabei spielen die konkreten Anforderungen der KMU an eine ITSM-Einführung eine erhebliche Rolle. Außerdem wird das Ziel verfolgt, die kritischen Bereiche aufzuzeigen und die verantwortlichen Personen für die Wichtigkeit dieses Themas zu sensibilisieren.

Diese neuen Erkenntnisse sollen durch die Analyse der eingegangenen Antworten aus der zuvor durchgeführten Umfrage gewonnen werden. Weiterhin sollen die wirklich notwendigen Prozesse von ITSM für den Mittelstand herausgestellt werden, um diese als Basis für ein handhabbares Konzept zur Umsetzung in einem KMU verwenden zu können.

Durch das Benennen von Handlungsempfehlungen in dieser Studie sollen eine Planungshilfe zur systematischen Implementierung bzw. Verbesserung des individuellen IT-Servicemanagements für die Unternehmen herausgearbeitet werden. Parallel dazu werden die Ergebnisse dieses praxisorientierten Ansatzes mit den vorherrschenden Meinungen in der Literatur verglichen.

Für diesen Ansatz legt die Studie etablierte IT-Standards aus dem ITSM zugrunde, um sicherzustellen, dass die Ergebnisse als Handlungsalternativen zur Steigerung der IT Effizienz, Verbesserung der Servicequalität und Erhöhung der Kundenzufriedenheit im Mittelstand verwendet werden können. Die konkret abgefragten Prozesse sind abgeleitet aus ITIL und orientieren sich an den sieben Publikationen der Version 2.[46] Von den sieben Publikationen beinhalten "Service Support (Unterstützung und Betrieb der IT-Services)", "Service Delivery (Planung und Lieferung von IT-Service)" und "Security Management (Aufstellung eines Security-Plans zur Datensicherheit)" die relevanten IT-Servicemanagement-Prozesse und bilden das Tagesgeschäft im IT-Service ab.[47] ITIL Version 3 wird in seiner Gänze für den Mittelstand als zu komplex und aufwändig eingeschätzt. Daher orientiert sich die Umfrage und deren Auswertung an zehn Prozessen, welche sich im Kern der ITIL Version 2 finden lassen. Die Umfrage sowie die Auswertung sind relativ allgemein gehalten, um verschiedene Unternehmensgrößen aus jeglichen Branchen einzuschließen.

Um diese Ziele zu erreichen liegen Umfrageergebnisse von mehreren Hundert Unternehmen vor, welche in einem Online-Fragbogen erfasst und in einer Datenbank gespeichert wurden. Dies umfasste ebenfalls die Bewertung der Prozesse anhand der unternehmensspezifischen Angaben und eines Reifegrad-Referenzmodells. Auf tiefergehende Fragen nach Unternehmensspezifika wie beispielsweise Umsatzzahlen wurde bewusst verzichtet. Einzig die Angabe der Email-Adresse war für die Rücksendung der Reifegradmessung notwendig, welche jedoch auf freiwilliger Basis gemacht werden konnte. Die einzelnen Ergebnisse sind somit anonym und können anhand dieser Studie nicht auf bestimmte Unternehmen zurückverfolgt werden. Der Teilnehmerkreis umfasst dabei alle Branchen und Unternehmensgrößen.

---

[46] Vgl. OGC (2005).
[47] Vgl. Köhler (2007), S. 38.

Glaubwürdigkeit von Online-Umfragen

Allgemeine Vor- und Nachteile

Prinzipiell ist die Methode der Online-Befragung mit einer schriftlichen Befragung zu vergleichen. Die Grundgesamtheit kann oftmals nicht identifiziert werden und somit ist die Repräsentativität gefährdet. Wird jedoch eine klar definierte Gruppe von Anwendern betrachtet, welche in dieser Studie alle KMU der Bundesrepublik Deutschland darstellen, dann kann dieser Kreis als Grundgesamtheit angesehen werden.

Es wird davon ausgegangen, dass eine Stichprobe repräsentativ für die Grundgesamtheit ist, wenn diese zufällig gezogen wurde. Bei Kommunikation und Publizierung der Umfrage in verschiedenen Internet-Kanälen ist die Auswahl einer zufälligen Stichprobe unmöglich, denn ein Teilnehmer entscheidet selbst über das Interesse an der Umfrage. Somit ist es auch sehr wahrscheinlich, dass diejenigen die Online-Umfrage entdecken, die sich für das entsprechende Thema interessieren bzw. vielleicht sogar konkret danach suchen.

Diese Tatsachen können zu Verzerrungen bei den Ergebnissen und deren Interpretationen führen. Des Weiteren ist es schwieriger zu kontrollieren, ob ein Teilnehmer bereits teilgenommen hat oder vielleicht absichtlich öfters teilnehmen möchte, um die Ergebnisse zu manipulieren.

Dennoch wird diese Methode bzw. dieses Vorgehen sehr oft angewendet, da es sehr kostengünstig und schnell durchführbar ist. Der materielle und personelle Aufwand ist sehr gering und ermöglicht eine zeitnahe Erhebung. Die Ergebnisse sind dank automatisierter Speicherung sofort verfügbar. Des Weiteren können Falscheingaben durch eine entsprechende Programmlogik vermieden werden. Darüber hinaus lassen sich zur einfacheren Bedienung auf Basis der angeklickten Antwort gezielt passenden Unterfragen einblenden, ohne dass der Teilnehmer unnötig abgelenkt oder verwirrt wird.

Einer der größten Vorteile ist allerdings die Ortsunabhängigkeit, welche theoretisch eine weltweite Verteilung ermöglicht ohne großen Aufwand ermöglicht. Vorausgesetzt es werden die richtigen Plattformen zur Veröffentlichung der Umfrage verwendet, lassen sich auch relativ schnell sehr hohe Teilnehmerzahlen verwirklichen.

Spezielle Risiken dieser Umfrage

Von großer Bedeutung ist deswegen die Untersuchung der Glaubwürdigkeit dieser Umfrage. Zu diesem Zwecke wird kritisch betrachtet, über welche Kanäle Teilnehmer gesucht wurden und inwieweit sichergestellt wurde, dass diese Teilnehmer ein Interesse zur ernsthaften Beantwortung des Fragebogens hatten. Diese Punkte sind wichtig, um ein signifikantes Ergebnis zu gewährleisten.

Bei der Auswertung müssen bzgl. der Glaubwürdigkeit demnach folgende drei zentrale Punkte berücksichtigt werden:

1. Die Bekanntmachung der Online-Umfrage wurde hauptsächlich über IT bezogene Plattformen durchgeführt. Der größte Erfolg und damit der Großteil aller Teilnehmer wurde durch die Veröffentlichung im Newsticker auf www.heise.de erreicht. Da diese Plattform ihren Schwerpunkt im Bereich Informations- und Telekommunikationstechnik hat, wird angenommen, dass hier hauptsächlich Personen oder Unternehmen aus diesem Themenumfeld teilgenommen haben. Jemand, dem ITSM kein Begriff ist, nimmt eher nicht an einer Umfrage zu diesem Thema teil. Wie in der Abbildung 6 und der Abbildung 8 deutlich wird, kann diese Annahme durchaus bestätigt werden, denn ca. 35% aller Teilnehmer und ca. 49% der KMU stammen aus der IT-Branche.

2. Um eine große Anzahl an Teilnehmern zu erreichen, darf die Umfrage nicht zu kompliziert und tiefgründig sein. Es ist wichtig eine verständliche und übersichtliche Befragung zu einem Thema durchzuführen, welches sehr komplex und vielfältig ist. Gleichzeitig muss die Umfrage für jeden Teilnehmer in einer angemessenen Zeit ausfüllbar sein. Zusätzlich erfordert eine automatisierte Erstellung der optionalen Reifegradmessung eine gewisse Struktur, welche die Art und den Umfang der einzelnen Prozesse einschränkt. Unter diesen Umständen ist zu berücksichtigen, dass die Ergebnisse bis zu einem gewissen Grad standardisiert vorliegen und keine tiefgehenden Unternehmensanalysen jedes individuellen Teilnehmers ermöglichen.

3. Bei der Berücksichtigung anonymer Teilnahmen besteht immer die Gefahr, dass einige Antworten nicht ernsthaft durchgeführt wurden. Ein weiteres Problem sind Fälle, in denen dem Teilnehmer das nötige Wissen oder der Einblick in die entsprechenden Prozesse fehlt und dementsprechend willkürlich geantwortet wurde. Die Möglichkeit Fragen und somit deren Beantwortung zu überspringen gibt es nicht. Aus diesen Gründen können sich einige Falschaussagen unter den Antworten befinden, welche die Aussagekraft der Ergebnisse unter Umständen beinträchtigen könnten. Prinzipiell wird aber angenommen, dass jeder Teilnehmer an einer glaubwürdigen Darstellung seiner Unternehmensumstände interessiert war. Aus eigener Erfahrung gibt es einige Unternehmen, welche an einer solchen Umfrage nicht ohne weiteres teilnehmen dürfen und daher die Anonymität bevorzugen. Denkbar wäre auch, dass einige ihre derzeitigen Defizite nicht offenlegen möchten, ihre Hilfe aber trotzdem anbieten möchten und daher den anonymen Weg gewählt haben.

Bisherige Studien

Die Auswahl an Teilnehmern basiert auf einer zufälligen Stichprobe und bietet mit einer hohen Teilnehmerzahl eine gewisse Repräsentativität. Die Reifegradmessung dient ferner dazu, eine Grundlage für Diskussionen und Kritik an den angesprochenen Themen sowie der eigenen Reflexion im Unternehmen zu bilden. Die einzelnen Ergebnisse in den unterschiedlichen Teilbereichen bieten einen guten Überblick über die Gesamtsituation der Umfrage, ob diese allerdings der Realität entsprechen ist zunächst als unsicher einzustufen.

Zum Zwecke der Überprüfung, ob es bereits ähnliche Studien am Markt gibt, wurde eine entsprechende Recherche durchgeführt. Die wichtigsten Erkenntnisse werden nachfolgend vorgestellt.

Materna Studie:[48]

Die Materna-Gruppe hat im Sommer 2007 eine Umfrage zum Thema ITSM durchgeführt und die Ergebnisse dieser "ITSM Executive Studie" noch im selben Jahr veröffentlicht. Mehr als 160 Unternehmen aus Deutschland (79%) und Österreich (21%) haben sich an der Online-Umfrage beteiligt. Die Mehrheit der befragten Unternehmen betreute damals zwischen 1.000 und 10.000 PC-Arbeitsplätze. 19% der Befragten stammten aus der IT-Branche, 15% aus der öffentlichen Verwaltung und 15% aus der Industrie.

76% der Teilnehmer setzten bereits zum Zeitpunkt der Studien-Durchführung auf ITIL. Eine Kernaussage war, dass ITIL V3 immer weiter in den Fokus der Unternehmen rückt, denn knapp 20% der Teilnehmer richteten ihre Prozesse bereits nach ITIL in der Version 3 aus. Exakt zwei Drittel planten allerdings keinen sofortigen Umstieg, sondern wollen erstmal Informationen über die neue Version sammeln, bevor sie über eine Umsetzung entscheiden würden. 15% hatten gene-

---

[48] Vgl. Materna (2007).

rell keine Pläne für ITIL, 10% planten zumindest einige Prozesse nach ITIL V3 auszurichten, wohingegen nur 3% eine vollständige Umsetzung anpeilten. Zwei Drittel der Unternehmen wollten zukünftig überwiegend Standard ITSM Software einsetzen. Ein weiteres positives Ergebnis war die Tatsache, dass 87% der Unternehmen, welche ITIL bereits einsetzten, dieses auch anderen Unternehmen empfehlen würden.

Die am häufigsten umgesetzten ITIL-Disziplinen waren Incident Management (71%), Service Desk (70%), Change Management (52%) und Problem Management (46%). Bei 71% der Unternehmen war die Umsetzung weiterer ITSM-Prozesse geplant. Configuration Management, Change Management und Service Level Management (SLM) waren hierbei die zentralen Themen der Planung. Erwartete Vorteile waren eine einheitliche Vorgehensweise, mehr Transparenz und höhere Qualität. Die zentralen Herausforderungen beim Einsatz von ITSM-Prozessen waren laut Angaben der Teilnehmer der hohe Verwaltungsaufwand sowie die Schwierigkeiten bei der Definition von Schnittstellen zu anderen Prozessen. Interessanterweise zeigte die Studie, dass bei den Unternehmen beim Wissen um die Kosten ihrer IT noch Nachholbedarf vorhanden war. Zwar konnten 74% der Befragten die durchschnittlichen Kosten eines PC-Arbeitsplatzes in ihrem Unternehmen benennen, aber über 60% der Studien-Teilnehmer wussten nicht, welche durchschnittlichen Kosten ein IT-Service verursacht.

msg services Studie:[49]

Die Studie der msg services AG aus dem Jahre 2012 zeigt deutlichere Ergebnisse in Bezug auf den Mittelstand. Dieser habe ein distanziertes Verhältnis zum Regelwerk ITIL, da dessen komplexe Prozessgestaltung und der daraus abzuleitenden langen Projektdauer in Skepsis bei den Verantwortlichen resultiere. Durchgeführt wurde die Studie mit fast

---

[49] Vgl. msg services (2012).

300 Unternehmen mit einem Jahresumsatz zwischen 25 und 200 Millionen Euro. Die folgenden Ergebnisse können als durchaus fundiert eingestuft werden, da jeder zweite Teilnehmer bereits praktische Erfahrungen mit ITIL hatte und 37% sogar persönlich über ITIL-Zertifizierungen verfügten. 39% der Teilnehmer waren der Auffassung, dass sich die Einsatzbedingungen für ITIL in KMU und in Großunternehmen nicht wesentlich voneinander unterscheiden, wohingegen ca. ein Drittel deutliche Einschränkungen für eine ITIL-Implementierung im Mittelstand gesehen hat. 20% waren der Auffassung, dass ITIL in KMU ohne nennenswerten Nutzen wäre.

In jedem dritten Unternehmen wurden bereits ITIL-Projekte durchgeführt und in jedem zweiten Unternehmen hatten IT-Mitarbeiter bereits an ITIL-Schulungen teilgenommen. Diese positiven Ergebnisse müssen kritische hinterfragt werden, da nicht bekannt ist wie die Zielgruppe ausgewählt wurde.

ITIL wird nach den Erfahrungen von msg services mit Respekt bewertet und die genannten Vorbehalte hätten meistens einen pragmatischen Kern. So sahen viele Kunden der msg services das Konzept von ITIL als zu umfassend angelegt an und bemängelten deshalb das zu wenig mittelstandsgerechte Prozessdesign. Diese Einschätzung wurde durch die Studie bestätigt.

Weitere Kritikpunkte waren neben der hohen Komplexität auch der hohe Administrationsaufwand sowie die für mittelständische Unternehmen unzureichend geeignete methodische Struktur des Regelwerkes. Nahezu 40% befürchteten einen größeren internen Ressourcenbedarf im Zusammenhang mit ITIL. Zur Lösung dieser Problematik würden fast 50% eine offizielle Light-Version von ITIL bevorzugen. Auch eine ergänzende Einführungsmethodik könnte nach Meinung von 45% dazu beitragen, ITIL attraktiver für den Mittelstand zu machen. 42% nannten eine verstärkte Beraterunterstützung als einen weiteren Ansatz zur Entschärfung dieser Situation, welches allerdings von msg services wegen der höheren Kostenbelastung als wenig realistisch erachtet wird.

Insgesamt stehen die Ersteller dieser Studie der Reduktion des ITIL-Prozessumfangs kritisch gegenüber, denn die Methoden zur Prozessgestaltung müssen für die Zielgruppe Mittelstand ganz neu angegangen werden.

Allgemeine Bewertung mithilfe einer Metastudie:

Die Studien mit 160 bzw. 300 Teilnehmern zielen auf eine bestimmte Zielgruppe ab, beispielsweise Unternehmen mit einem bestimmten Umsatz oder die Verbreitung über eine spezielle Plattform, welche nur einen bestimmten Adressatenkreis zulässt. Die Ergebnisse können somit nur als Annahmen auf den Gesamtmarkt übertragen werden. Wie das Whitepaper "Review of recent ITIL® studies"[50] von Rob England zeigt, gilt dieses allerdings für den Großteil der bisherigen Studien, die statistisch unsauber und in ihrer Ausrichtung auf ein spezielles Ziel abgestimmt sind. Um ein fundiertes und allgemeingültiges Ergebnis zu erhalten, gilt es diese statistischen Fehler möglichst zu vermeiden und die Zielgruppe nicht zu stark einzugrenzen. Die Metaanalyse von Rob England ergab, dass irgendwo zwischen 30% und 60% aller Unternehmen ITIL implementiert haben. Je nachdem welche Unternehmensgröße betrachtet und wie die ITIL-Nutzung definiert wird, können diese Zahlen stark schwanken. Mark Flynn, ein Rezensent in dem erwähnten Whitepaper, kommentiert dieses Ergebnis folgendermaßen:

„Rather than conclude that ITIL implementation is somewhere between 30% and 60% (i.e. we just can`t tell), I think it`s more interesting that the research consistently suggested a minimum global take-up figure of 30%. That is pretty impressive when you take into account regional differences. It would be interesting to know if there are many other best practice standards that have a similar level of success internationally – I doubt it."[51]

---

[50] Vgl. England (2011).
[51] England (2011), S. 13.

Übersetzt bedeutet dies dem Sinn nach:

„Anstatt den Schluss zu ziehen, dass ITIL-Implementierungen irgendwo zwischen 30% und 60 % liegen (d.h. das können wir nicht sagen), denke ich, ist es interessanter, dass die Studie einen stabilen Mindestwert von 30% für den Einsatz von ITIL vorschlug. Das ist ziemlich beeindruckend, wenn Sie dabei regionale Unterschiede berücksichtigen. Es wäre interessant zu wissen, ob es andere Best Practice Standards gibt, welche ein vergleichbares internationales Erfolgsniveau erreicht haben - ich bezweifle es".

Darüber hinaus werden die drei Hauptvorteile von ITIL herausgestellt, welche höhere Kundenzufriedenheit, bessere Kostenkontrolle sowie die schnellere Rückmeldung und Auflösung von Anfragen sind.

Im Fazit vertreten zwei weitere Rezensenten Kim Riordan und Robert Stroud den Standpunkt, dass eine unabhängige Befragung zur aktuellen Umsetzung von ITIL notwendig sei. Diese solle Prozess für Prozess Informationen sammeln und diese in einem Prozessreifegrad ausdrücken.[52]

Diese Meinung vertreten auch die Autoren dieser Studie und haben deswegen die oben dargestellt Vorgehensweise und Methode ausgewählt.

---

[52] Vgl. England (2011), S. 13.

Ergebnisse

Inhaltlicher Aufbau

Für die folgende Auswertung wird die Struktur der Umfrage verwendet und deren Inhalte und Ergebnisse thematisch zusammengefasst. Die Fragen und Antworten aus der Online-Umfrage repräsentieren die Zuordnung der hier beschriebenen Inhalte anhand von den im Kapitel „Auswertungsmethode" beschriebenen Zielen. Die Ergebnisse sind online gespeichert, zusätzlich als Excel-Export dokumentiert sowie als einzelne Reifegraddokumente vorhanden. Somit sind alle in dem Kapitel „Datengrundlage" beschriebenen Inhalte vorhanden und nachvollziehbar.

Nachfolgend werden in diesem Kapitel die Gesamtsituation am Markt und die Situation bei den KMU anhand der erreichten Reifegrade untersucht. Anschließend wird auf die sich im Einsatz befindenden Frameworks bzw. den Grund eingegangen, warum dieser nicht erfolgt. Von den zehn Prozessbereichen werden einige im Detail analysiert. Die Auswahl der Prozesse ist im Kapitel „Analyse einzelner Prozesse" begründet. Zu jedem der näher untersuchten Prozesse gibt es eine detaillierte Auswertung bestehend aus einer Definition, dem Untersuchungsgegenstand, einer entsprechenden Analyse sowie dem Ergebnis und der daraus resultierenden Maßnahmen. Zum Schluss werden die Ergebnisse aus den freiwilligen Angaben der Freitextfelder zusammengefasst.

Teilnehmerzahlen

Gesamtmarkt

Die Umfrage wurde im Juli 2013 gestartet und vorwiegend via Email und einigen sozialen Netzwerken an einen ausgewählten Adressatenkreis verteilt. Da nach zwei Monaten keine hohen Teilnehmerzahlen erreicht werden konnten, wurde die Umfrage über eine weitere Pressemitteilung veröffentlicht. Hierbei konnte die Bekanntmachung über den Heise-Newsticker erreicht werden. Im Verlauf der folgenden Monate wurde auf diese Weise eine Teilnehmerzahl von fast 1000 Unternehmen erreicht, wobei allerdings nur knapp die Hälfte den Fragebogen vollständig ausgefüllt hat und somit nur deren Ergebnisse verwertbar sind. Insgesamt sind diese Teilnehmer aber vorwiegend aus dem IT-Bereich bzw. reagieren auf eine solche Umfrage nur entsprechend Interessierte. Somit ist das Teilnehmerfeld auch nur eine eingeschränkte Zufallsstichprobe. Diese Meinung der Autoren und weitere Probleme sind im Kapitel „Glaubwürdigkeit von Online-Umfragen" näher erläutert.

An der Umfrage haben exakt 488 Unternehmen vollständig teilgenommen. Davon sind 286 anonyme Teilnahmen und 202 haben ihre Kontaktdaten angegeben und somit eine Reifegradmessung erhalten.[53] Die Umfrage ist aktuell noch online zugänglich und somit ist es weiterhin möglich daran teilzunehmen. In dieser Auswertung werden alle Teilnahmen bis zum 31.07.2014 berücksichtigt.

Zur Kategorisierung der Teilnehmer ist die Angabe der Branche, der Gesamtzahl der Mitarbeiter sowie der Anzahl der Mitarbeiter in der internen IT-Abteilung zwingend erforderlich. Die Aufteilung auf die Branchen zeigt die nachfolgende Abbildung 6. Auffällig ist der sehr hohe Anteil aus der IT-Branche (34,63%). In der Branche Sonstiges sind alle acht Branchen zusammengefasst, welche ein sehr geringes Aufkommen an Teilnehmern haben:

- Akademisch
- Baugewerbe
- Energieversorgung
- Forschung
- Kunst, Unterhaltung, Erholung

---

[53] Vgl. itsm-wissen (2015).

- Land- und Forstwirtschaft
- Presse
- Transport und Logistik

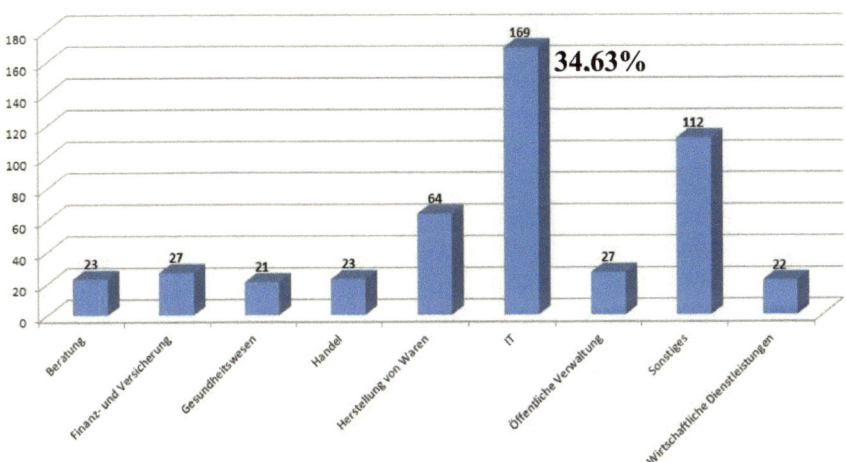

Abbildung 6: Teilnehmerzahlen aus den Branchen[54]

Nachfolgende Abbildung 7 verdeutlicht die Größenaufteilung der teilnehmenden Unternehmen auf die Mitarbeiter- und die IT-Mitarbeiterzahlen. Besonders deutlich wird hier, dass die Teilnehmerzahlen abhängig von der Unternehmensgröße sind. Stammen noch 216 Teilnehmer aus dem Bereich der Großunternehmen, sind es bei den mittleren (50-249 MA) mit 122 schon deutlich weniger, bei den kleineren (10 bis 49 MA) nur noch 82 und bei den Kleinstunternehmen (weniger als 10 MA) gerade einmal 68.

---

[54] Quelle: eigene Darstellung.

61

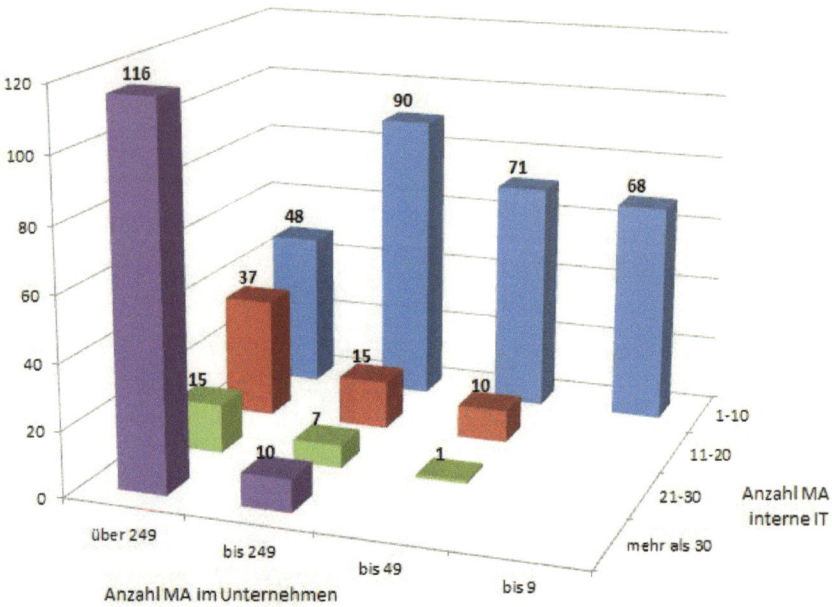

Abbildung 7: Aufteilung der Gesamt-MA und der MA in der IT[55]

Zur Verdeutlichung sind in der nachfolgenden Tabelle 3 die Spalten-
und Zeilensummen enthalten. Mit 216 Unternehmen haben etwas weniger als die Hälfte aller Teilnehmer mehr als 249 Mitarbeiter und stammen daher aus dem Segment der Großunternehmen. Von diesen großen
Unternehmen haben mit 116 Teilnehmern etwas mehr als die Hälfte
eine sehr große interne IT-Abteilung (mehr als 30 MA). Somit haben
lediglich 272 kleine und mittelständische Unternehmen teilgenommen,
welche die eigentliche Zielgruppe bilden. Eine genaue Definition des
KMU-Begriffs in dieser Studie wird im Kapitel KMU-Begriff vorge-
nommen. Weiterhin erwähnenswert ist die Tatsache, dass in den unteren Unternehmensgrößen (weniger als 250 MA) fast ausschließlich 1-
10 IT-Mitarbeiter tätig sind. Die rot markierten Felder sind unrealisti-

---

[55] Quelle: eigene Darstellung.

sche Angaben. Ein Unternehmen mit 1-10 Mitarbeiter kann nicht mehr als 10 Mitarbeiter in der internen IT beschäftigen.

MA \ IT-MA	1-10	11-20	21-30	mehr als 30	Gesamtergebnis
über 249	48	37	15	116	**216**
bis 249	90	15	7	10	**122**
bis 49	71	10	1		**82**
bis 9	68				**68**
Gesamtergebnis	**276**	**63**	**23**	**126**	**488**

Tabelle 3: Aufteilung der Gesamt-MA und der MA in der internen IT[56]

Kleine und mittelständische Unternehmen

Im Folgenden sollen speziell die 272 kleinen und mittelständischen Unternehmen betrachtet werden. Ähnlich wie in Abbildung 6 wird in Abbildung 8 die Verteilung der Teilnehmer auf die Branchen verdeutlicht. Auch bei der Filterung auf KMU ändert sich die Branchenverteilung auf den ersten Blick nur marginal. Allerdings hat die Branche IT auch hier mit 133 (48,9%) nicht nur den mit Abstand größten Anteil, sondern ist im Vergleich zum Gesamtmarkt sogar um 14,27% gestiegen.

---

[56] Quelle: eigene Darstellung.

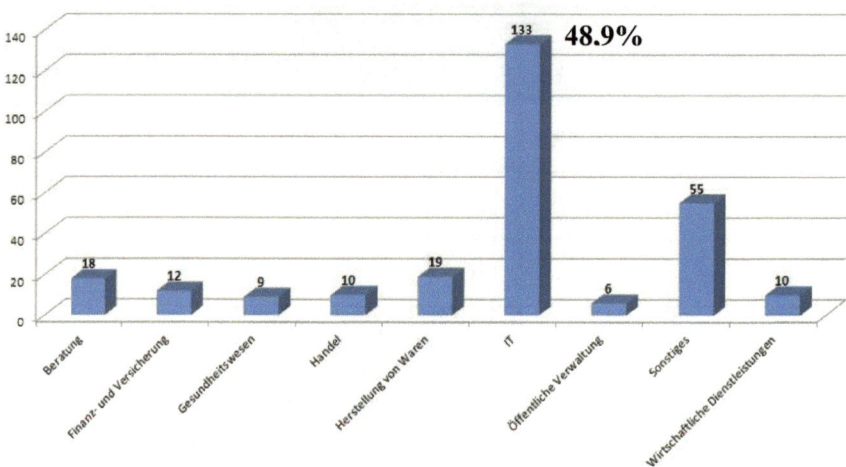

Teilnehmer aus den Branchen

Abbildung 8: Teilnehmerzahlen aus den Branchen[57]

Die Abbildung 9 zeigt die Verhältnisse von Gesamtmitarbeitern zu Mitarbeitern in der internen IT. Von den 272 KMU haben 84,19% nur 1-10 Mitarbeiter in der internen IT. Dabei ist zu beachten, dass 68 Teilnehmer stellvertretend für Kleinstunternehmen, welche weniger als 10 Mitarbeiter beschäftigen, den Fragebogen ausgefüllt haben. Diese Unternehmen können selbstverständlich nur 1-10 MA in der internen IT beschäftigen. Dennoch gibt es auch bei mittleren Unternehmensgrößen (10 bis 249 MA) nicht viele große interne IT-Abteilungen.

---

[57] Quelle: eigene Darstellung.

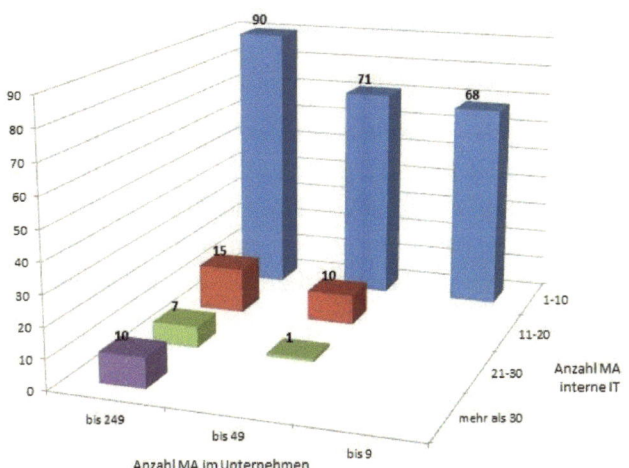

Abbildung 9: Aufteilung der Gesamt-MA und der MA in der IT bei KMU[58]

Insgesamt konnte ein breites Teilnehmerfeld, bezogen auf die Unternehmensgröße, die Anzahl der internen IT-Mitarbeiter und der Branche erreicht werden. Im Rahmen der Studie wurde die Teilnahmemöglichkeit wie bereits erwähnt, bundesweit über www.heise.de und andere IT bezogene Kommunikationswege veröffentlicht. Wie im Kapitel „Gesamtmarkt" angenommen ist die IT-Branche auch am häufigsten vertreten. Durch die reine Betrachtung der Teilnehmerzahlen lässt sich noch keine plausible Aussage über die IT-Qualität in diesen Unternehmen treffen.

---

[58] Quelle: eigene Darstellung.

Gesamtsituation des ITSM

Alle Unternehmensgrößen

Zuallererst wird kurz die Gesamtsituation im Bereich IT-Servicemanagement betrachtet, d.h. wie haben alle Unternehmen aller Größen und aus jeglichen Branchen abgeschnitten. Das nachfolgende Netzdiagramm in Abbildung 10 stellt die Gesamtergebnisse aller Unternehmen für die durchschnittlichen Reifegrade der erfragten IT-Prozesse dar. Insgesamt ist zu erkennen, dass alle Prozesse zwischen den Reifegradstufen 2 und 3 liegen. Einzig Release und Service Level Management liegen knapp unter Reifegrad 2. Besonders stark stechen IT-Störungsmanagement, Konfigurationsmanagement, Operationales Management und Verfügbarkeitsmanagement heraus. Hier wurde nur knapp ein durchschnittlicher Reifegrad über 3 verfehlt.

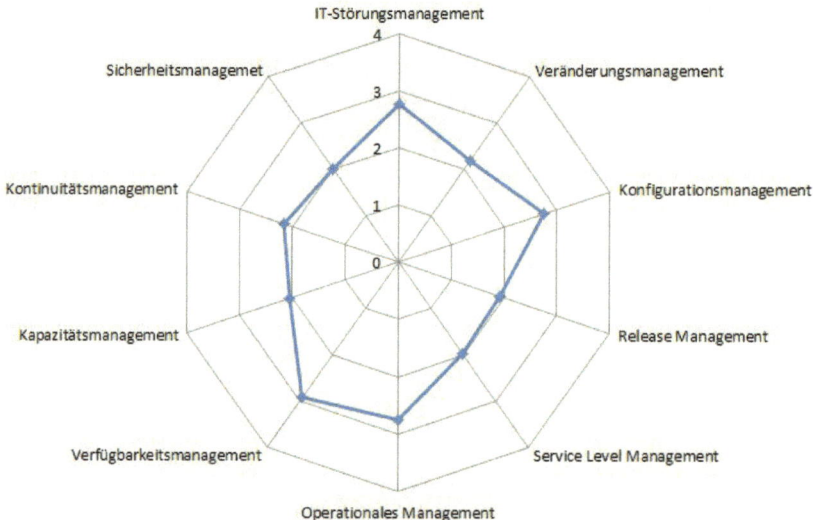

Abbildung 10: Netzdiagramm der Prozessreifegrade aller Unternehmen[59]

---

[59] Quelle: eigene Darstellung.

Abbildung 11 zeigt eine detailliertere Aufteilung der Prozesse auf die jeweiligen Reifegradstufen. Auffällig ist, dass bei der Hälfte der zehn Prozesse der jeweils größte Teilnehmeranteil die höchste Reifegradstufe 4 "Optimiert bis Exzellent" erreicht hat. Dahingegen hat nur je ein Prozess den größten Teilnehmeranteil im Reifegrad 0 "Nicht vorhanden bis unvollständig" und im Reifegrad 2 "Etabliert bis standardisiert" sowie drei Prozesse den größten Anteil in Reifegrad 1 "Sensibilisiert bis organisiert". Auszumachen sind die größten Anteile am Fettdruck. Weiterhin ist zu erkennen, dass der Prozess Verfügbarkeitsmanagement mit einem durchschnittlichen Reifegrad von 2,92 im Gesamtkontext am stärksten und Release Management mit einem durchschnittlichen Reifegrad von 1,92 am schwächsten in allen Unternehmen umgesetzt ist. Dieses Ergebnis sollte erst einmal kritisch hinterfragt werden. Vielleicht sind Unternehmen mit sehr schlecht aufgestellten Prozessen weniger gewillt an solch einer Umfrage teilzunehmen oder stoßen erst gar nicht auf die Umfrage. An dieser Stelle sind die Risiken aus dem Kapitel „Spezielle Risiken dieser Umfrage" zu berücksichtigen.

⬧ Prozesse	⬧ Reifegrad 0		⬧ Reifegrad 1		⬧ Reifegrad 2		⬧ Reifegrad 3		⬧ Reifegrad 4		⬧ ∅
IT-Störungsmanagement	33	6.76%	79	16.19%	57	11.68%	120	24.59%	**199**	**40.78%**	2.7643
Veränderungsmanagement	76	15.57%	83	17.01%	**138**	**28.28%**	59	12.09%	132	27.05%	2.1803
Konfigurationsmanagement	25	5.12%	58	11.89%	99	20.29%	140	28.69%	**166**	**34.02%**	2.7459
Release Management	97	19.88%	**120**	**24.59%**	92	18.85%	82	16.8%	97	19.88%	1.9221
Service Level Management	59	12.09%	**174**	**35.66%**	77	15.78%	72	14.75%	106	21.72%	1.9836
Operationales Management	16	3.28%	86	17.62%	68	13.93%	149	30.53%	**169**	**34.63%**	2.7561
Verfügbarkeitsmanagement	20	4.1%	41	8.4%	93	19.06%	136	27.87%	**198**	**40.57%**	2.9242
Kapazitätsmanagement	100	20.49%	112	22.95%	54	11.07%	104	21.31%	**118**	**24.18%**	2.0574
Kontinuitätsmanagement	24	4.92%	**152**	**31.15%**	129	26.43%	86	17.62%	97	19.88%	2.1639
Sicherheitsmanagement	**107**	**21.93%**	89	18.24%	90	18.44%	99	20.29%	103	21.11%	2.0041

Abbildung 11: Übersicht der erreichten Prozessreifegrade aller Unternehmen[60]

---

[60] Quelle: Bildschirmausschnitt von Gesamtauswertung, vgl. itsm-wissen (2015).

Die Ergebnisse der abgefragten Prozesse ergeben eine gewisse Hierarchie, die verdeutlicht welche Prozesse von der Mehrheit gut umgesetzt werden und sich somit als Kernprozesse herausstellen. Tabelle 4 summiert in den zwei Spalten jeweils die beiden niedrigsten und höchsten Reifegrade aller Prozesse. Die etwas übersichtlichere Darstellung gibt Aufschluss darüber, dass IT-Störungsmanagement mit 65,37% in den beiden höchsten Reifegradstufen in den überwiegenden Fällen sehr gut umgesetzt ist. Lediglich etwas weniger als ein Viertel (22,95%) der Teilnehmer befindet sich in den untersten Stufen und hat somit schwerwiegende Mängel im Bereich der Störungsbeseitigung bzw. im Umgang mit Problemen der IT-Systeme. Die größten Schwierigkeiten sind bei Betrachtung des Service Level Managements zu beobachten (rot markiert). Hier hat ca. die Hälfte (47,75%) sehr schlecht abgeschnitten und nur 36,48% konnten die oberen Reifegrade erreichen. Insgesamt am besten hat der Prozess Verfügbarkeitsmanagement abgeschnitten (grün markiert). Hier ist mit 68,44% der höchste Anteil aller Prozesse in den Reifegraden 3 und 4 angesiedelt und mit 12,5% der niedrigste Anteil in den Reifegraden 0 und 1.

Prozess	Reifegrad 0 + 1	Reifegrad 3 + 4
IT-Störungsmanagement	22,95%	65,37%
Veränderungsmanagement	32,58%	39,14%
Konfigurationsmanagement	17,01%	62,70%
Release Management	44,47%	36,68%
Service Level Management	**47,75%**	**36,48%**
Operationales Management	20,90%	65,16%
Verfügbarkeitsmanagement	**12,50%**	**68,44%**
Kapazitätsmanagement	43,44%	45,49%
Kontinuitätsmanagement	36,07%	37,50%
Sicherheitsmanagement	40,16%	41,39%

Tabelle 4: Prozentuale Aufteilung der Prozessreifegrade[61]

Abbildung 12 zeigt den durchschnittlichen Gesamtreifegrad für die vier Unternehmensgrößen. So erreichen die Großunternehmen im Schnitt einen Reifegrad von 2,51 über alle zehn Prozesse. Dieser Wert ist erwartungsgemäß der höchste in diesem Vergleich. Überraschend ist allerdings, dass an zweiter Stelle mit knappem Vorsprung bereits die Kleinstunternehmen mit einem ordentlichen Wert von 2,313 sind. Dieses hohe Ergebnis gilt es näher zu untersuchen, denn es wird angenommen, dass dieses deutlich zu hoch ausgefallen ist und nicht die

---

[61] Quelle: eigene Darstellung.

Realität wiederspiegelt. Ein Grund dafür könnte sein, dass möglicherweise der Faktor bei der Reifegradmessung diese kleinen Unternehmen zu deutlich aufwertet oder dass die Angabe der IT-Mitarbeiterzahlen für mit einer einzigen Option (1-10 Mitarbeiter) zu wenig differenziert möglich ist. Andersherum kann dieses Ergebnis aber auch bedeuten, dass die mittleren und großen Unternehmen im direkten Vergleich, unter Berücksichtigung der Mitarbeiter- und Umsatzzahlen, bei den IT-Prozessen eher schlecht aufgestellt sind. Allerdings ist insgesamt festzuhalten, dass die Prozessqualität anscheinend nicht mit der Größe der Unternehmen korreliert.

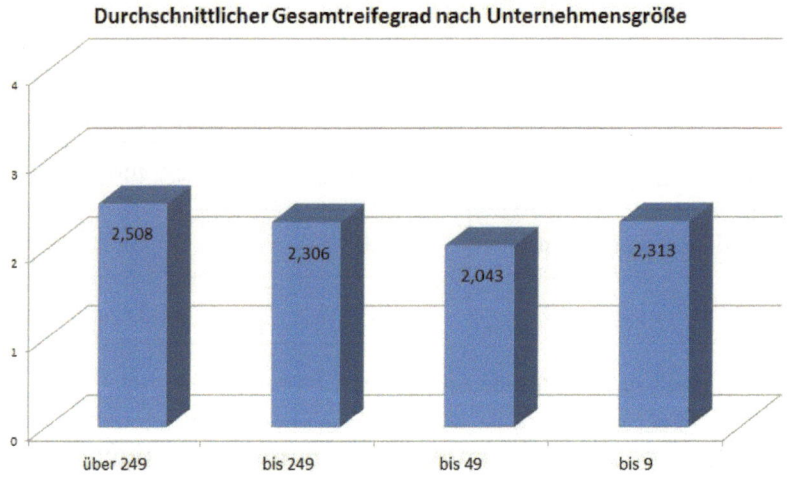

Abbildung 12: Durchschnittlicher Reifegrad nach Unternehmensgröße[62]

---

[62] Quelle: eigene Darstellung.

Nur KMU

Das Netzdiagramm in Abbildung 13 zeigt die durchschnittlichen Prozessreifegrade für die KMU. Insgesamt ist ein ähnliches Bild wie in Abbildung 10 auszumachen, wobei aber jeder Prozess leicht schlechter abzuschneiden scheint.

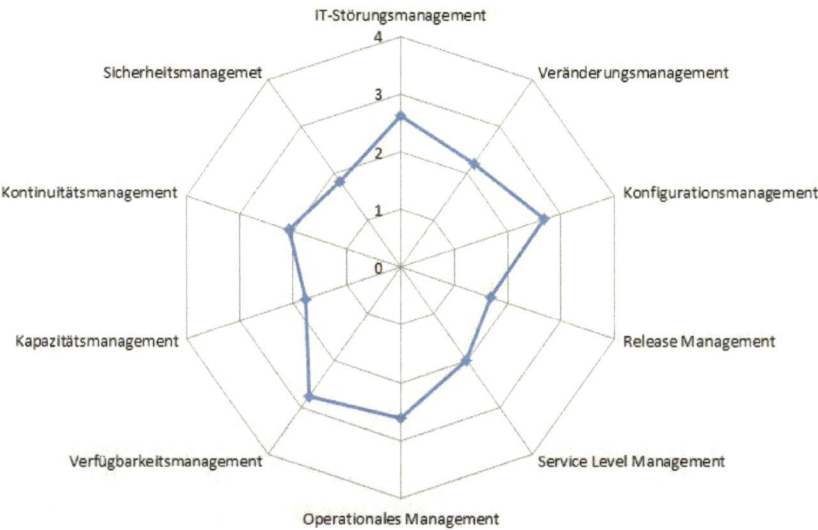

Abbildung 13: Netzdiagramm der Prozessreifegrade aller KMU[63]

Für einen direkten Vergleich, zeigt die Abbildung 14 das Netzdiagramm ausschließlich für die Großunternehmen. Hier ist der Unterschied schon etwas deutlicher, denn 8 von 10 Prozessen haben sich im Durchschnitt um 17,63% verbessert. Nur Veränderungsmanagement und Service Level Management haben ein minimales Minus von 1-2% zu verzeichnen.

---

[63] Quelle: eigene Darstellung.

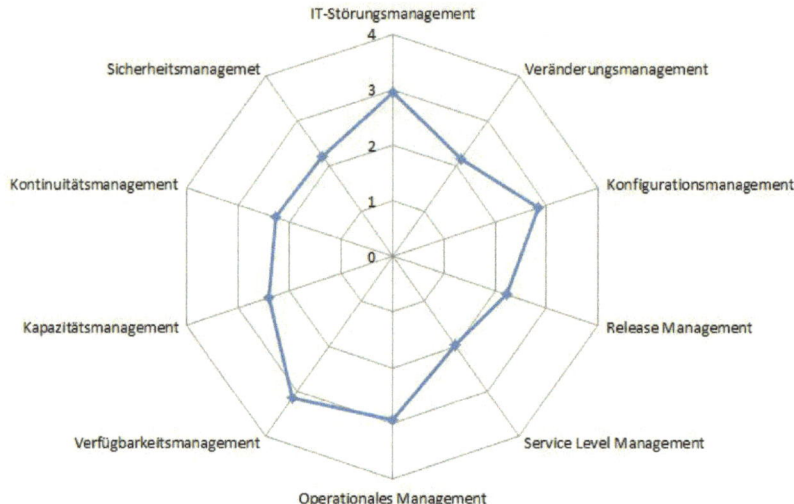

Abbildung 14: Netzdiagramm der Prozessreifegrade aller Großunternehmen[64]

Analog zu der Gesamtsituation wird in Abbildung 15 das Ergebnis der KMU im Bereich ITSM im Detail dargestellt. Beim Vergleich der Prozentwerte aller Unternehmen in Abbildung 11 und denen der KMU ist eine leichte Verschiebung aus den höheren in Richtung der niedrigeren Reifegrade zu erkennen. An der Verteilung der größten Anteile innerhalb der Prozesse gibt es allerdings nur in einem Prozess eine Abweichung. Im Kapazitätsmanagement ist der größte Anteil mit 27,57% in Reifegrad 1 und nicht wie bisher mit 24,18% in Reifegrad 4. Der durchschnittlich höchste Reifegrad ist nach wie vor im Prozess Verfügbarkeitsmanagement vertreten. Allerdings ist dieser um 0,16 auf 2,76 leicht gesunken. Insgesamt spiegelt die Verteilung aber ein ähnliches Bild wie bei den Großunternehmen wieder.

Tabelle 5 fasst die Ergebnisse für die KMU in zwei Spalten zusammen.

---

[64] Quelle: eigene Darstellung.

♦ Prozesse	♦ Reifegrad 0		♦ Reifegrad 1		♦ Reifegrad 2		♦ Reifegrad 3		♦ Reifegrad 4		♦ Ø
IT-Störungsmanagement	23	8.46%	54	19.85%	30	11.03%	60	22.06%	105	38.6%	2.625
Veränderungsmanagement	36	13.24%	52	19.12%	81	29.78%	26	9.56%	77	28.31%	2.2059
Konfigurationsmanagement	16	5.88%	38	13.97%	52	19.12%	74	27.21%	92	33.82%	2.6912
Release Management	70	25.74%	76	27.94%	36	13.24%	47	17.28%	43	15.81%	1.6949
Service Level Management	31	11.4%	104	38.24%	35	12.87%	41	15.07%	61	22.43%	1.989
Operationales Management	11	4.04%	64	23.53%	35	12.87%	72	26.47%	90	33.09%	2.6103
Verfügbarkeitsmanagement	16	5.88%	31	11.4%	47	17.28%	87	31.99%	91	33.46%	2.7574
Kapazitätsmanagement	69	25.37%	75	27.57%	28	10.29%	46	16.91%	54	19.85%	1.7831
Kontinuitätsmanagement	10	3.68%	99	36.4%	70	25.74%	44	16.18%	49	18.01%	2.0846
Sicherheitsmanagement	70	25.74%	50	18.38%	55	20.22%	47	17.28%	50	18.38%	1.8419

Abbildung 15: Übersicht der erreichten Prozessreifegrade aller KMU[65]

Eine für den unteren und eine für den oberen Reifegradbereich. Im Vergleich mit Tabelle 4 für alle Unternehmen ist auch hier zu erkennen, dass sich die Prozentwerte im Rahmen von weniger als 10% verändert haben. Auffällig ist natürlich, dass Verfügbarkeitsmanagement weiterhin der am besten aufgestellte Prozess bleibt. Hier ist mit 17,28% (vorher 12,5%) der geringste Anteil im unteren und mit 65,44% (vorher 68,44%) der größte Anteil im oberen Reifegradbereich. Es wäre interessant zu erfahren worin das gute Abschneiden von Verfügbarkeitsmanagement begründet ist. Es könnte daran liegen, dass dieser Prozess für alle Unternehmen eine hohe Priorität darstellt oder aber dass es an den gestellten Fragen liegt. Eine spätere Untersuchung im Kapitel „Verfügbarkeitsmanagement" soll darüber Aufschluss geben. Außerdem ist auffällig, dass Service Level Management nicht mehr der am schlechtesten abschneidende Prozess ist, obwohl es sich um 1,89% verschlechtert hat. Der schlechteste Prozess ist nun Release Management mit über der Hälfte (53,68%) in Reifegrad 0 und 1 sowie nur 33,09% in Reifegrad 3 und 4.

---

[65] Quelle: Bildschirmausschnitt von Gesamtauswertung, vgl. itsm-wissen (2015).

Prozess	Reifegrad 0 + 1	Reifegrad 3 + 4
IT-Störungsmanagement	28,31%	60,66%
Veränderungsmanagement	32,35%	37,87%
Konfigurationsmanagement	19,85%	61,03%
Release Management	**53,68%**	**33,09%**
Service Level Management	49,63%	37,50%
Operationales Management	27,57%	59,56%
Verfügbarkeitsmanagement	**17,28%**	**65,44%**
Kapazitätsmanagement	52,94%	36,76%
Kontinuitätsmanagement	40,07%	34,19%
Sicherheitsmanagement	44,12%	35,66%

Tabelle 5: Prozentuale Aufteilung der Prozessreifegrade (KMU)[66]

Nachfolgend ist in Tabelle 6 die Abweichung bei den Reifegradergebnissen im Vergleich zu den Großunternehmen dargestellt. Alle rot markierten Werte stellen eine Verschlechterung von über 5% bei den KMU gegenüber dem Gesamtmarkt dar. Zu beachten ist, dass ein Minuswert in der ersten Spalte eigentlich eine Steigerung darstellt. Da es sich hierbei um die niedrigen Reifegrade handelt, ist eine höhere Anzahl an Unternehmen in diesem Bereich als negativ zu bewerten. In der zweiten Spalte hingegen ist ein Minuswert tatsächlich eine Reduzierung, sodass weniger Unternehmen einen hohen Reifegrad erreicht haben. Deutlich

---

[66] Quelle: eigene Darstellung.

treten hier für die Reifegrade 0 und 1 das Release Management und das Kapazitätsmanagement heraus, welche jeweils ein über 9% schlechteres Ergebnis erzielen. Für die höheren Reifegrade erhält Kapazitätsmanagement ein Minus von 8,73% und Operationales Management sowie Sicherheitsmanagement je ein Minus von knapp unter 6%. Die beiden grün markierten Prozesse sind die einzigen, in denen die ausschließliche Betrachtung der KMU zu einer minimal positiven Änderung führt.

Prozess	Abweichung Reifegrad 0 und 1	Abweichung Reifegrad 3 und 4
IT-Störungsmanagement	-5,36%	-4,71%
Veränderungsmanagement	0,23%	-1,27%
Konfigurationsmanagement	-2,84%	-1,68%
Release Management	-9,21%	-3,59%
Service Level Management	-1,89%	1,02%
Operationales Management	-6,67%	-5,61%
Verfügbarkeitsmanagement	-4,78%	-3,00%
Kapazitätsmanagement	-9,50%	-8,73%
Kontinuitätsmanagement	-4,01%	-3,31%
Sicherheitsmanagement	-3,95%	-5,73%

Tabelle 6: Prozentuale Abweichung zwischen Großunternehmen und KMU[67]

---

[67] Quelle: eigene Darstellung.

Zwischenfazit

Generell ist abzuleiten, dass die Ergebnisse für den Gesamtmarkt sowie speziell für die KMU ein ähnliches Bild abgeben. Dennoch sind bis auf eine Ausnahme alle Prozesse im Gesamtmarkt ein klein wenig besser umgesetzt. Dies führt zu dem Ergebnis, dass in dieser Analyse bei den Großunternehmen ein deutlicher Anstieg der Prozessqualität zu verzeichnen ist. Einzig das SLM scheint für KMU einen höheren Stellenwert zu haben bzw. ist es in den befragten einfach ein kleines Stück besser umgesetzt als im Gesamtmarktvergleich. Release Management scheint insgesamt nur unzureichend umgesetzt zu sein. Besonders kritisch wird es hier bei ausschließlicher Betrachtung der KMU.

Besonders gut in KMU umgesetzt sind hingegen die Prozesse IT-Störungsmanagement, Konfigurationsmanagement, Operationales Management und Verfügbarkeitsmanagement, welche somit Kernprozesse der betrachteten Teilnehmer darstellen. Dieser Umstand führt zu der Folgerung, dass ITSM sich in KMU eher durch den bevorzugten Einsatz von operativen anstatt strategischen Prozessen charakterisiert. Näher untersucht werden sollte die Verschiebung von SLM auf Release Management als der am schlechtesten umgesetzte Prozess in KMU.

Insgesamt bietet diese Beobachtung aber nur einen oberflächlichen Überblick und noch keine wirklich aussagekräftigen Informationen. Um eine detaillierte Analyse durchzuführen, müssen die Ergebnisse auf Basis der Branchen, Mitarbeiterzahlen sowie IT-Größe gefiltert und separat betrachtet werden. In den folgenden Kapiteln „ITSM-Frameworks im Einsatz", „Analyse einzelner Prozesse" und „Auswertung der Freitextfelder" werden die eingesetzten Frameworks analysiert, einzelne Prozessbereiche detailliert untersucht und die freiwilligen Freitextangaben zusammengefasst.

ITSM-Frameworks im Einsatz

Definition

IT-Servicemanagement Standards, beispielsweise in Form des Frameworks ITIL, stellen Best Practice-Leitlinien zur Verfügung, welche Informationen zur Bereitstellung von qualitätsbasierten IT Services enthalten.[68]

Untersuchungsgegenstand

In der Umfrage gibt es im Anschluss an die einzelnen Prozesse einen Abschnitt "IT-Servicemanagement in Ihrem Unternehmen". Hier werden Fragen zu den im Einsatz befindlichen Frameworks gestellt und unter welchen Umständen bzw. Voraussetzungen die Teilnehmer den Einsatz eines solchen Frameworks in Erwägung ziehen würden. Gibt ein Teilnehmer an, dass sein Unternehmen bereits ein Standard aus dem Bereich ITSM einsetzt, so wird er bei der Punktevergabe nicht durch einen möglichen Faktor bevorzugt. Dieser führt zu einer weniger drastischen Bewertung kleinerer Unternehmen, welche keinen ITSM-Standard einsetzen. Um herauszufinden wie viel Prozent der KMU bereits ein Framework einsetzten und somit keinen Vorteil in der Bewertung erhalten haben, werden im Folgenden diese Angaben genauer untersucht:

1. Frameworks sind nur bei einem sehr geringen Teil der KMU im Einsatz.
2. Bei den Unternehmen aus der IT-Branche setzen mehr als die Hälfte der KMU Frameworks bzw. Standards aus dem Bereich ITSM ein.
3. Der Hauptgrund für das Fehlen von ITSM in KMU ist die zu hohe Komplexität der Frameworks.

---

[68] Vgl. Buchsein (2008), S. 15.

Analyse der Verwendung von Frameworks/Standards aus dem Bereich ITSM

Der Einsatz eines IT-Standards ist abhängig von der Unternehmensgröße. In der folgenden Abbildung 16 sind zur Verdeutlichung die Großunternehmen ebenfalls enthalten. Die Prozentzahlen beziehen sich dabei immer auf die eigene Kategorie. Grundsätzlich ist zu sehen, dass je größer das Unternehmen ist, desto eher sind Frameworks implementiert. 51,85% der Großunternehmen, 34,43% der mittleren und nur 23,17% der kleinen Unternehmen richten ihre Prozesse an IT-Standards aus. Überraschend ist einzig der Wert für die Kleinstunternehmen, hier haben immerhin 20,59% der Teilnehmer Frameworks im Einsatz und das bei weniger als 10 Mitarbeitern. Diese Tatsache könnte einer der Gründe sein, weshalb die Kleinstunternehmen im Durchschnitt einen relativ hohen Reifegrad erreicht haben. Vergleicht man die Ergebnisse der Abbildung 12 aus Kapitel „Alle Unternehmensgrößen" mit denen der Abbildung 16, dann fällt auf, dass große Unternehmen zwar deutlich häufiger ITSM-Standards einsetzen, die durchschnittliche Prozessqualität jedoch nicht im gleichen Verhältnis besser ist. Teilweise sogar umgekehrt, da der Großteil der kleineren Unternehmen die Prozesse nicht nach definierten Standards ausrichtet, aber durchaus eine hohe Prozessqualität erreicht.

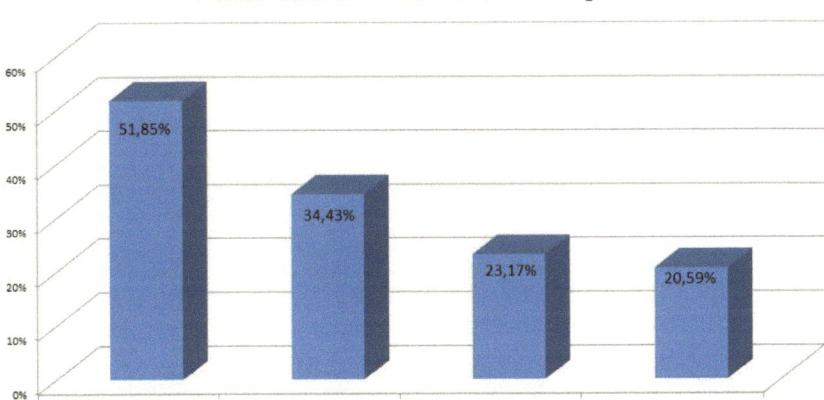

Frameworks im Einsatz nach Unternehmensgröße

Abbildung 16: Einsatz von IT-Standards nach Unternehmensgröße[69]

Generell muss laut

Abbildung **17** festgehalten werden, dass nur 27,84% der teilnehmenden KMU ein oder mehrere Frameworks aus dem Bereich ITSM einsetzen. Wenn man bei dieser Frage die Filter zusätzlich auf die Branche IT einschränkt, ändert sich der Anteil auf 36,57%, welcher zwar eine deutliche Steigerung, aber immer noch weit weniger als die Hälfte darstellt. 72,16% der KMU verwendet keine IT-Standards, aber teilweise wurde nach definierten Prozessen gefragt und hier auch teilweise Prozesse als definiert und angewandt bezeichnet. Daher liegt der Schluss nahe, dass in diesen Unternehmen firmeneigene Prozesse vorhanden sein könnten, die möglicherweise sogar Best-Practices wie ITIL oder COBIT[70] ähneln.

---

[69] Quelle: eigene Darstellung.
[70] „COBIT ist das übergeordnete Rahmenwerk für die Governance und das Management der unternehmensweiten IT." Vgl. ISACA (2014).

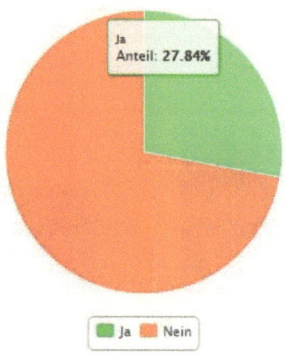

Verwenden Sie Frameworks/Standards aus dem Bereich ITSM?

Ihre Antwort: Diese Frage musste von Ihnen nicht beantwortet werden!

Abbildung 17: Frage: Verwenden Sie Frameworks/Standards aus dem Bereich ITSM?[71]

Folgende Abbildung 18 zeigt die Aufteilung dieser eben genannten 27,84% auf die einzelnen Framework-Varianten, welche sich in diesen Unternehmen im Einsatz befinden. Positiv ist, dass fast zwei Drittel (60,22%) ITIL in der aktuellen Version 3 und 20,43% die ältere Version 2 verwenden. Lediglich 13,98% setzen auf ISO 20000[72] und 5,38% auf COBIT. In dieser Kategorie gibt es auch die Möglichkeit unter „Sonstige" eine eigene Angabe zu machen. Diese Möglichkeit stellen ca. 15% der gegebenen Antworten und beinhalten z.B. BSI-Standards, ISO 27001 und den Einsatz von eigenen Lösungen. Bei dieser Aufteilung ist allerdings zu beachten, dass die Frage die Möglichkeit einer Mehrauswahl bietet und somit ein und dasselbe Unternehmen mehrere Frameworks im Einsatz haben kann.

---

[71] Quelle: Bildschirmausschnitt von Gesamtauswertung, vgl. itsm-wissen (2015).
[72] Seit 2005 international anerkannte Norm zur Zertifizierung, in dem die Anforderungen für ein professionelles ITSM dokumentiert sind. Vgl. Buchsein (2008), S. 97-100.

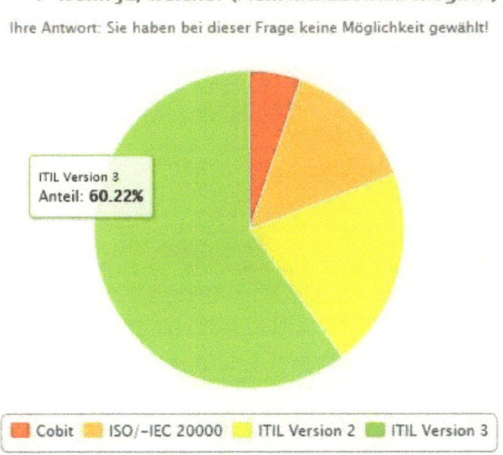

Abbildung 18: Unterfrage zu Abbildung 17 (Antwort: Ja)[73]

Hat der Teilnehmer die Frage in

Abbildung **17** mit „Nein" beantwortet (hier 72,16%), erscheint eine alternative Unterfrage nach den Gründen, welche die bisherige Einführung eines Frameworks verhindert haben. Abbildung 19 zeigt, dass davon 64,74% als Grund angegeben haben, dass sie gerne ITSM Standards einführen möchten, ihnen aber die Ressourcen, wie beispielsweise Geld und Zeit, fehlen. 16,84% wissen nicht, welchen Nutzen ITSM ihrem Unternehmen bringen könnte und 18,42% sehen das Thema als zu komplex für ihr Unternehmen an. Ca. 11% haben auch hier die Möglichkeit genutzt eine eigene Antwort zu geben. Dort sind mehrfach als Grund das mangelnde Verständnis der Entscheidungsträger, der fehlende Nutzen für kleine Unternehmen, das nicht vorhandene Interesse der Verantwortlichen und die Tatsache, dass ein Einführungsprojekt gerade

---

[73] Quelle: Bildschirmausschnitt von Gesamtauswertung, vgl. itsm-wissen (2015).

oder zukünftig durchgeführt wird. Bei dieser Frage ist ebenfalls eine Mehrauswahl möglich und bei der Auswertung zu berücksichtigen.

Abbildung 19: Unterfrage zu Abbildung 17 (Antwort: Nein)[74]

Abbildung 20 beinhaltet die Frage nach den zu erwartenden positiven und negativen Auswirkungen, welche eine Einführung von ITSM mit sich bringen würde. Bei der Beantwortung dieser Frage war es möglich mehrere Alternativen auszuwählen. Entgegen der Erwartung sehen nur etwas weniger als 30% der Befragten eine Prozessoptimierung als positiven Nebeneffekt von standardisiertem ITSM. Ca. 18% erwarten einen Anstieg des administrativen Aufwands und 17% einen spürbaren Mehrwert für ihre Kunden. Die Möglichkeit zur Angabe eigener Erwartungen unter „Sonstiges" haben nur 1,5% genutzt. Mehrfach als positive Erwartungen sind die erhöhte Transparenz, die steigende Sicherheit und die Anhebung des internen Mehrwertes (Arbeits-, Dokumentations- und Kommunikationsqualität) genannt. Als negativ wird hauptsächlich

---

[74] Quelle: Bildschirmausschnitt von Gesamtauswertung, vgl. itsm-wissen (2015).

ein stark steigender Administrationsaufwand angesehen, wobei dieser Punkt eigentlich bereits als Vorgabe existiert.

Abbildung 20: Frage über die positiven und negativen Auswirkungen von ITSM[75]

Nachfolgende Abbildung 21 zeigt die Antwortverteilung zu der Frage, unter welchen Umständen eine ITSM-Einführung denkbar wäre. Auch hier ist eine Mehrauswahl möglich. Der größte Anteil mit 34,96% hat angegeben, dass die Relation zwischen den eingesetzten Ressourcen und einem nachvollziehbaren Nutzen stimmen muss. Eine weitere wichtige Antwort mit 29,45% ist die Erwartung, dass der administrative Aufwand durch die Einführung von ITSM nicht oder nur geringfügig zunimmt. Nur 1,91% der Antworten fallen unter „Sonstige". Hier wird angegeben, dass Unternehmen es aus IT-Sicht jederzeit angehen möchten, aber die Geschäftsführung sich vom Kosten/Nutzen-Verhältnis noch nicht überzeugen lässt. Weitere Angaben sind die fehlenden Ressourcen sowie die zu hohe Komplexität für die eigene Unternehmensgröße.

---

[75] Quelle: Bildschirmausschnitt von Gesamtauswertung, vgl. itsm-wissen (2015).

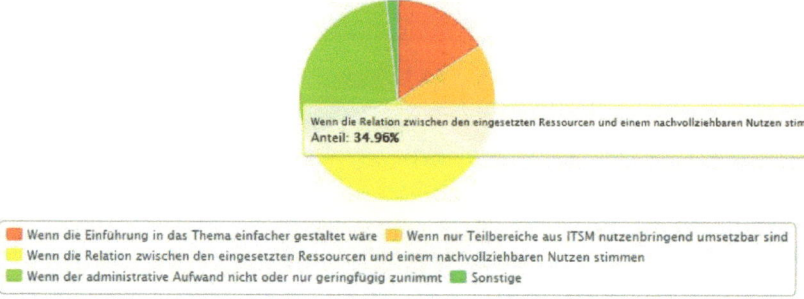

Abbildung 21: Frage wann eine ITSM-Einführung denkbar wäre[76]

Eine weitere Frage dient zur Ermittlung der Anforderungen für eine Einführung von ITSM. Die drei meistgenannten Antworten in der Mehrauswahl sind der Abbildung 22 zu entnehmen:

1. Die Flexibilität meiner IT soll nicht durch zu strenge Standards verringert werden (19,66%)
2. Kosten müssen möglichst niedrig gehalten werden (17,63%)
3. Die Durchführung muss phasenweise möglich sein (17,39%)

Diese Antworten verdeutlichen die Prioritäten der KMU im Zusammenhang mit ITSM. Großer Wert wird auf den Erhalt der aktuellen Flexibilität der IT gelegt und es dürfen keine hohen Kosten durch eine ITSM-Einführung entstehen. Weiterhin scheinen viele ITSM mit einer aufwändigen und komplexen Umsetzung in Verbindung zu bringen. So würde ca. ein Fünftel für einen eigenen Einsatz erwarten, dass ITSM in Teilen einführbar ist. Weniger als 1% haben unter „Sonstiges" eigene Angaben gemacht. Häufig genannte Beispiele sind z.B., dass der Kunde

---

[76] Quelle: Bildschirmausschnitt von Gesamtauswertung, vgl. itsm-wissen (2015).

keinen Nachteil zum Status-Quo haben darf oder effektive Kontrollmechanismen und eine hohe Nachvollziehbarkeit vorhanden sein sollten.

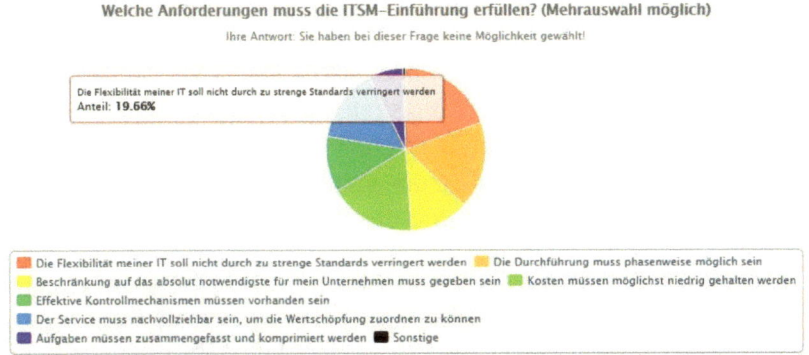

Abbildung 22: Frage nach den Anforderungen für eine ITSM-Einführung[77]

Schlussfolgerung für die im Einsatz befindlichen Frameworks:

Mit einem Fehlen von eingesetzten Frameworks, Standards und/oder Normen in 72,16% der KMU kann die These Nr. 1 als bestätigt angesehen werden. Demnach hat nur etwas mehr als ein Viertel aktuell ein ITSM-Standard im Einsatz. Speziell die IT-Branche hat mit einem Anteil von 36,57% zwar deutlich mehr ITSM-Umsetzungen zu verzeichnen, allerdings damit noch deutlich weniger als die in der These Nr. 2 angenommen 50%. Dennoch scheinen sich die Prozesse an ITSM anzulehnen, da trotzdem relativ hohe durchschnittliche Reifegrade erreicht wurden, besonders bei den Kleinstunternehmen.

---

[77] Quelle: Bildschirmausschnitt von Gesamtauswertung, vgl. itsm-wissen (2015).

Der erwartete Hauptgrund für das Fehlen von ITSM in KMU, ist allerdings nicht wie angenommen die zu hohe Komplexität. Der Großteil der Teilnehmer erwartet eine höhere Transparenz, um eine angemessene Relation zwischen den eingesetzten Ressourcen und dem daraus resultierenden Mehrwert für das Unternehmen erkennen zu können. Dies liegt vor allem darin begründet, dass sehr viele Unternehmen Angst vor einem steigenden administrativen Aufwand haben. Weitere Gründe sind die Angst vor einer Einschränkung der eigenen Flexibilität durch zu strenge Standards sowie die anfallenden Kosten eines solchen Projektes. Dennoch hat ein Fünftel die Anforderung, dass ITSM phasenweise umsetzbar sein muss, welches durchaus als Resultat aus einer zu hohen Komplexität angesehen werden kann.

Eine gesteigerte Bereitschaft für den Einsatz von ITSM-Standards erfordert eine höhere Transparenz, damit das Unternehmen für die einzelnen Prozesse den Mehrwert im Vergleich zu den Kosten beurteilen kann. In diesem Bereich fehlt es den Teilnehmern an Referenzumsetzungen, welche einen solchen Mehrwert für das eigene Unternehmen und den Kunden erfassen und darstellen. Mögliche Lösungsansätze für dieses Problem werden im Kapitel „Leitfaden für KMU" erläutert.

Analyse einzelner Prozesse

Im Folgenden sind die Ergebnisse zum Stand einiger ITSM-Prozesse in kleinen und mittleren Unternehmen beschrieben. Ausgewählt wurden als positiv bewertete Prozesse das IT-Störungsmanagement, das Konfigurationsmanagement sowie das Verfügbarkeitsmanagement, da diese im Umfeld der KMU besonders gut abgeschnitten haben. Hier gilt es die Gründe zu untersuchen, ob z.B. ein besonders hohes Verständnis dieser Prozesse vorherrscht oder ob das Ergebnis auf die Auswahl der Fragen und Antwortmöglichkeiten zurückzuführen ist. Release Management und Sicherheitsmanagement weisen hingegen sehr große Defizite auf und verlangen daher nach einer näheren Untersuchung. Die übrigen fünf Prozesse befinden sich im Mittelfeld, wobei hiervon ausschließlich das Veränderungsmanagement analysiert wird. Die Autoren nehmen an, dass dieses als operativer Prozess in KMU eher umgesetzt sein wird. Gleichzeitig ist es einer der wichtigsten Prozesse im IT-Servicemanagement. Es folgt eine übergreifende Bewertung der Ergebnisse und entsprechende Maßnahmen in den Unterkapiteln „IT-Störungsmanagement" bis „Sicherheitsmanagement".

Im Folgenden werden jeweils 3 Thesen von den Autoren aufgestellt und diese entsprechend anhand der Umfrageergebnisse sowie der unterschiedlichen Filterungsmöglichkeiten überprüft. In den verschiedenen Abbildungen stehen oft die Sätze „Für Sie wurde kein Reifegrad ermittelt" oder „Diese Frage musste von Ihnen nicht beantwortet werden". Das liegt daran, dass für diese Auswertung und die Erstellung der Grafiken kein spezieller Teilnehmerzugang, sondern ein spezieller Zugang für den Administrator benutzt wurde, welcher natürlich nicht an der Umfrage teilgenommen hat.

Wenn nicht anders angegeben ist die Standardfilterung wie folgt festgelegt:

- Alle Branchen
- 1 bis 249 Mitarbeiter (KMU)
- Beliebige Anzahl interner IT-Mitarbeiter

IT-Störungsmanagement

Definition

IT-Störungsmanagement umfasst den gesamten organisatorischen und technischen Prozess der Reaktion auf Störungen in IT-Bereichen sowie hierzu vorbereitende Maßnahmen und Prozesse. Ziel ist die schnellstmögliche Wiederherstellung der Service-Leistung unter Berücksichtigung von organisatorischen, rechtlichen und technischen Detailfragen.[78]

Untersuchungsgegenstand

Dieser Prozess hat bei der Betrachtung des Gesamtmarktes sowie bei ausschließlicher Analyse der KMU überdurchschnittlich gut abgeschnitten. Bei den KMU hat dieser Prozess mit 38,6% den größten Teilnehmeranteil aller Prozesse im höchsten Reifegrad. Zum Vergleich siehe auch Kapitel „Teilnehmerzahlen". Ein wichtiger Gradmesser für das IT-Störungsmanagement ist ein funktionierender User-Help-Desk[79], weswegen dessen Vorhandensein sowie das Vorgehen ohne eine solche zentrale Anlaufstelle im Folgenden anhand von drei Thesen etwas genauer untersucht werden:

1. Bei Unternehmen aus der IT-Branche ist der Prozess wesentlich besser umgesetzt als in allen anderen Branchen.
2. Mehr als die Hälfte aller KMU besitzt einen User Help Desk.
3. Nur ca. ein Drittel aller KMU führt eine Wissensdatenbank für gelöste Probleme.

---

[78] Vgl. Böttcher (2013), S. 167 und 179.; vgl. ähnlich auch Köhler (2007), S. 71-73 und 82-84.

[79] Ein User Help Desk (anderer Begriff aus ITIL ist Service Desk) dient zur möglichst schnellen und wirtschaftlichen Beseitigung von Störungen in der IT-Infrastruktur. Dahinter steckt eine Gruppe von Spezialisten, welche im Optimalfall zu jeder Zeit die erforderlichen technischen Kenntnisse besitzt, um in der Praxis jede Art von Anfrage effizient zu bearbeiten. Vgl. Bernhard (2004), S. 310-311.

Positionierung der Reifegrade der KMU in der IT-Branche (Filter: IT-Branche)

Abbildung 23 zeigt die Verteilung der Reifegrade bei ausschließlicher Betrachtung der IT-Branche, wobei mit 49,25% nahezu die Hälfte den höchsten Reifegrad erreicht hat. Im Reifegrad 0 befinden sich nur 3,73% und im Reifegrad 1 lediglich 17,91%.

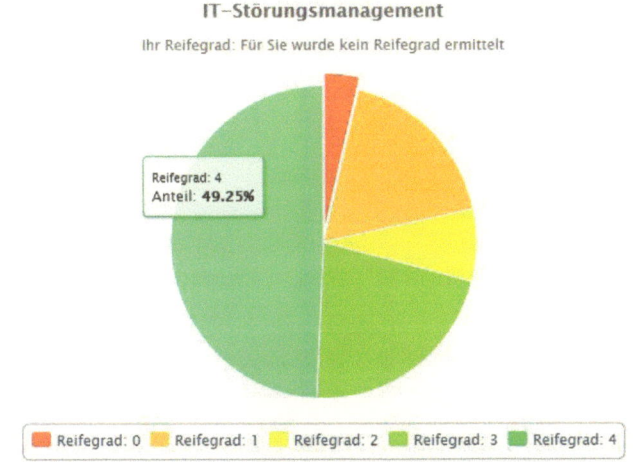

Abbildung 23: Reifegrade aller KMU der IT-Branche im Verfügbarkeitsmanagement[80]

Positionierung der Reifegrade der KMU in allen Branchen außer IT (Filter: IT-Branche deaktiviert)

Die Verteilung der Reifegrade bei Betrachtung aller Branchen außer IT ist in Abbildung 24 zu sehen. Die Differenzen zu der Abbildung 23 sind prozentual kurz dargestellt:

---

[80] Quelle: Bildschirmausschnitt von Gesamtauswertung, vgl. itsm-wissen (2015).

- 28,78% (-20,47%) in Reifegrad 4.
- 22,30% (+0,66%) in Reifegrad 3.
- 14,39% (+6,93%) in Reifegrad 2.
- 21,58% (+3,67%) in Reifegrad 1.
- 12,95% (+9,22%) in Reifegrad 0.

Bei einem direkten Vergleich der Prozentwerte ist zu erkennen, dass 20,47% weniger den Reifegrad 4 erreicht haben. Diese Differenz verteilt sich auf alle anderen 4 Reifegrade, indem die Unternehmen außerhalb der IT-Branche zusammen mit 34,53% wesentlich häufiger in den beiden niedrigsten Reifegraden landen.

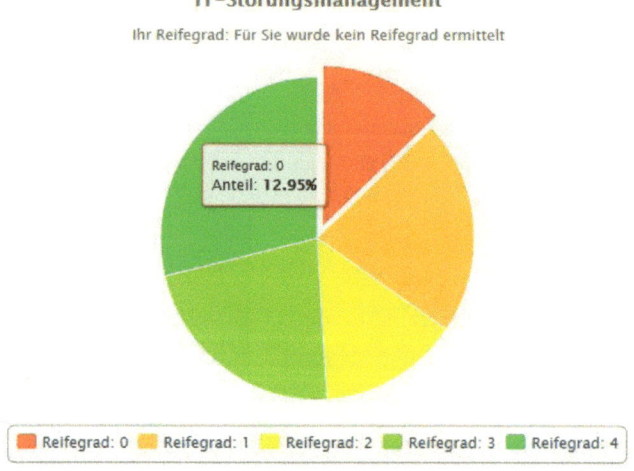

Abbildung 24: Reifegrade aller KMU ohne IT-Branche im IT-Störungsmanagement[81]

---

[81] Quelle: Bildschirmausschnitt von Gesamtauswertung, vgl. itsm-wissen (2015).

Beispielfragen aus dem Prozess IT-Störungsmanagement

Mit 36,26% hat in Abbildung 25 etwas mehr als ein Drittel aller KMU keinen User Help Desk und der Rest besitzt entsprechend einen. Dieser User Help Desk sollte im Idealfall als "Single-Point-of-Contact" (einzige Kontaktmöglichkeit) eingerichtet werden, denn dieser wäre somit die einzig mögliche Anlaufstelle zur Aufnahme der Störungen und leitet diese entsprechend an die zuständigen Stellen weiter. Die zentrale Aufnahme dient zusätzlich dazu eine hohe "first call resolution rate" (direkte Lösung von gemeldeten Störungen) zu erzeugen.

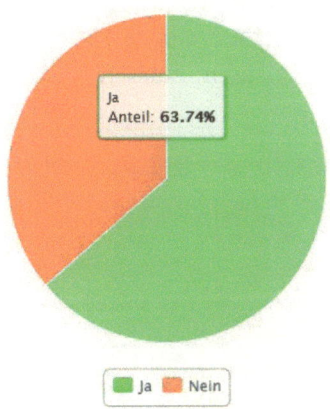

Existiert ein zentraler IT-User Help Desk?

Ihre Antwort: Diese Frage musste von Ihnen nicht beantwortet werden!

Ja
Anteil: **63.74%**

Ja — Nein

Abbildung 25: Beispielfrage 1 aus dem IT-Störungsmanagement (alle

KMU)[82]

Sofern diese Frage mit „Nein" beantwortet wurde, erscheint die Unterfrage in

---

[82] Quelle: Bildschirmausschnitt von Gesamtauswertung, vgl. itsm-wissen (2015).

Abbildung **26**, welche darauf abzielt, wie die Unternehmen alternativ mit Anfragen und Störungen umgehen. Die bestmögliche Antwort ist „Meldungen werden gesammelt und nach Priorität abgearbeitet", welche 24,24% angeklickt haben. Diese koordinierte Vorgehensweise führt zu einer höheren Lösungsrate und steigert damit die Effektivität und Effizienz der IT. Etwas mehr als zwei Fünftel geht den direkten Weg und kümmert sich um Anfragen bzw. Störungen sofort, indem diese direkt an die relevanten Ansprechpartner weitergeleitet und von diesen bearbeitet werden. Mögliche Probleme können dabei allerdings durch eine Überlastung der Ansprechpartner entstehen, welche zu einer unterschiedlichen Qualität der Problemlösungen führt. Ein Drittel hat keinen definierten Umgang für diese Themen, da Störungsmeldungen von Fall zu Fall unterschiedlich bearbeitet werden. Dies führt zu einer ineffizienten Lösungsrate, da wiederauftretende Probleme den kompletten Problemlösungsprozess durchlaufen müssen und möglicherweise in

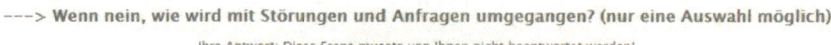

unterschiedlicher Qualität behoben werden.

Abbildung 26: Unterfrage zu Abbildung 25 (alle KMU)[83]

---

[83] Quelle: Bildschirmausschnitt von Gesamtauswertung, vgl. itsm-wissen (2015).

Eine Wissensdatenbank für gelöste Probleme pflegen laut Abbildung 27 immerhin 54,21% der Teilnehmer, somit ist diese bei Wiederauftreten von Problemen oder zukünftiger verwandter Probleme nutzbar.

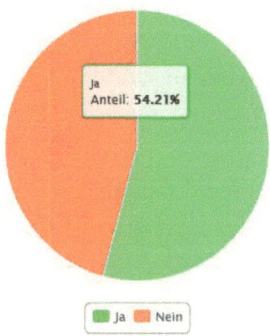

Existiert in Ihrem Unternehmen / Ihrer Abteilung eine Wissensdatenbank für gelöste Probleme?

Ihre Antwort: Diese Frage musste von Ihnen nicht beantwortet werden!

Abbildung 27: Beispielfrage 2 aus dem IT-Störungsmanagement (alle

KMU)[84]

Schlussfolgerung für das IT-Störungsmanagement

These Nr. 1 wird aufgrund der Analyse sehr deutlich bestätigt. Unternehmen aus der IT-Branche (49,25%) in Abbildung 23 erreichen deutlich öfter den höchsten Reifegrad 4 als die Unternehmen aus den anderen Branchen (28,78%) in Abbildung 24. Dieser Umstand ist keine Überraschung sondern bestätigt lediglich die Annahme, dass die IT-Branche zumindest in diesem Bereich Prozesse häufiger definiert und auch nach diesen handelt.

Störungen können je nach Wichtigkeit die Erreichung des Geschäftsziels beinträchtigen oder gefährden. Es ist ratsam einen Prozess zur

---

[84] Quelle: Bildschirmausschnitt von Gesamtauswertung, vgl. itsm-wissen (2015).

zentralen und sicheren Aufnahme sowie Kategorisierung samt fest geregelten Zuständigkeiten für jede kleine und große Störungsmeldung zu definieren. Mit 63,74% haben mehr als die Hälfte der KMU einen zentralen User Help Desk eingerichtet, womit die zweite These zugunsten der Erwartungen der Autoren ebenfalls bestätigt werden kann.

Erfreulicherweise führen 54,21% eine Wissensdatenbank für gelöste Probleme in ihren Unternehmen. Somit muss die dritte und letzte These für das IT-Störungsmanagement widerlegt werden. Für die übrigen Unternehmen ist die Einführung einer Wissensdatenbank empfehlenswert, da sonst Erfahrungswissen verloren geht und anderen Mitarbeitern zukünftig nicht für eine Lösung eines Problems zur Verfügung gestellt werden kann.

Veränderungsmanagement

Definition

Das Veränderungs- oder Change Management hat das Ziel, dass alle Änderungen der IT-Infrastruktur kontrolliert, effizient und unter Minimierung von Risiken für den laufenden Betrieb durchgeführt werden.[85]

Untersuchungsgegenstand

Die IT-Landschaft ändert sich aufgrund von fortschreitender Entwicklungen und gesetzlichen Rahmenbedingungen fortlaufend. Jedes Unternehmen muss bereit sein, wichtige Entwicklungsschritte mitzugehen und seine IT-Infrastruktur entsprechend anzupassen, um die eigen Konkurrenzfähigkeit aufrechtzuerhalten. Dieser Prozess hat im Bereich KMU ein ganz passables Ergebnis erzielen können, dennoch soll dies nachfolgend mithilfe drei aufgestellter Thesen genauer analysiert werden:

---

[85] Vgl. Böttcher (2013), S. 114-115.; vgl. ähnlich auch Köhler (2007), S. 94-97.

1. In KMU gibt es kaum einheitliche Prozesse zur Durchführung von Änderungen an einem oder mehreren IT-Komponenten.
2. Je größer die interne IT-Abteilung ist, desto eher werden für anstehende Änderungen das Risiko und die Kosten gegenüber dem Nutzen bewertet.
3. Speziell die IT-Branche behandelt Änderungen differenziert nach Dringlichkeit und Komplexität.

Beispielfragen aus dem Prozess Veränderungsmanagement

Wie man Abbildung 28 entnehmen kann, haben 63,24% angegeben, dass sie keinen einheitlichen Prozess zur Durchführung von Änderungen an einem oder mehreren IT-Komponenten definiert haben. Das Fehlen eines solchen Prozesses kann dazu führen, dass verschiede Änderungen auf unterschiedliche Art und Weise in den laufenden Betrieb eingeführt werden und somit von Fall zu Fall andere Probleme auftreten können.

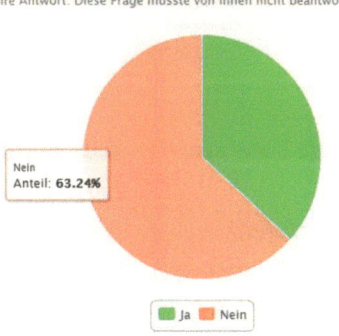

Gibt es einen einheitlichen Prozess, um Änderungen an einem oder mehreren IT-Komponenten durchzuführen?

Ihre Antwort: Diese Frage musste von Ihnen nicht beantwortet werden!

Nein
Anteil: 63.24%

Ja   Nein

Abbildung 28: Beispielfrage 1 aus dem Veränderungsmanagement (alle KMU)[86]

---

[86] Quelle: Bildschirmausschnitt von Gesamtauswertung, vgl. itsm-wissen (2015).

Alle KMU mit 1-9 internen IT-Mitarbeitern bewerten für anstehende Änderungen in 61,57% der Fälle das Risiko und die Kosten gegenüber dem Nutzen. Im Vergleich zu diesem Wert aus Abbildung 29 ergeben die Filterungen auf die anderen Abteilungen folgende Ergebnisse:

- 11-20 interne IT-Mitarbeiter: 52,00% (-9,57%)
- 21-30 interne IT-Mitarbeiter: 37,50% (-24,07%)
- über 30 interne IT-Mitarbeiter: 70,00% (+8,43%)

Damit steht fest, dass ein Kosten/Nutzen-Vergleich in kleinen IT-Abteilungen häufiger durchgeführt wird.

Werden für anstehende Änderungen das Risiko und die Kosten gegenüber dem Nutzen bewertet?

Ihre Antwort: Diese Frage musste von Ihnen nicht beantwortet werden!

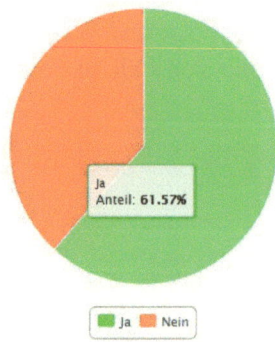

Abbildung 29: Beispielfrage 2 aus dem Veränderungsmanagement (IT <= 10 MA)[87]

83,46% der IT-Branche differenziert laut Abbildung 30 ihre Änderungen nach Dringlichkeit und Komplexität. In den übrigen Branchen tun dies immerhin noch 74,28% der Teilnehmer.

---

[87] Quelle: Bildschirmausschnitt von Gesamtauswertung, vgl. itsm-wissen (2015).

Werden Änderungen nach Dringlichkeit und Komplexität differenziert behandelt?

Ihre Antwort: Diese Frage musste von Ihnen nicht beantwortet werden!

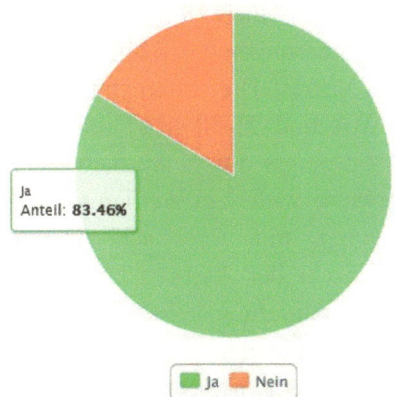

Abbildung 30: Beispielfrage 3 aus dem Veränderungsmanagement (IT-Branche)[88]

Schlussfolgerung für das Veränderungsmanagement

Mit knapp zwei Drittel, welche keinen einheitlichen Prozess zur Übernahme von Änderungen in den laufenden Betrieb definiert haben, kann die erste These bestätigt werden. Eine definierte Richtlinie hilft das Auftreten von unerwarteten Problemen präventiv zu vermeiden, indem beispielsweise der bestmögliche Zeitpunkt für die Änderung ermittelt, eine Möglichkeit zur Rücksicherung des Ursprungszustandes bei unerwünschten Komplikationen gegeben, die Dokumentation der Änderungen und die Unterweisung der betroffenen Mitarbeiter geregelt werden. Andernfalls unterliegen Änderungen häufig einem irrationalen Änderungsprozess, was sich negativ auf die Qualität der Änderungen auswirken kann. Die Standardisierung des Änderungsprozesses führt dage-

---

[88] Quelle: Bildschirmausschnitt von Gesamtauswertung, vgl. itsm-wissen (2015).

gen zu einer Vereinfachung und Beschleunigung sowie einer höheren Qualität dieses Prozesses.

61,57% der Unternehmen mit einer kleinen IT-Abteilung (1-9 MA) bewerten für anstehende Änderungen das Risiko und die Kosten gegenüber dem zu erwartenden Nutzen. Die Unternehmen mit etwas größeren IT-Abteilungen (11-20 MA und 21-30 MA) führen diesen wichtigen Vergleich ca. 10 bis 24% weniger durch, weshalb die zweite These der Autoren überraschenderweise widerlegt werden muss. Kleinere Unternehmen bzw. Unternehmen mit einer sehr kleinen internen IT-Abteilung sind nach Anzicht der Autoren höchstwahrscheinlich abhängiger davon, dass eine Änderung keine unerwartet hohen Kosten verursacht. Hier ist es entscheidender den Geschäftserfolg durch ungeplante Kosten nicht zu gefährden. Größere Unternehmen hingegen können solche eine Abweichung im Kosten/Nutzen-Vergleich eher ausgleichen. Nur Unternehmen mit mehr als 30 Mitarbeitern in der internen IT verbessern sich um 8,43% gegenüber den kleinen IT-Abteilungen. Bei anstehenden Änderungen ist dieser Vorgang immer sinnvoll, insbesondere wenn diese den laufenden Betrieb unterbrechen bzw. die Geschäftsprozesse negativ beeinflussen können. Darüber hinaus ist bei wichtigen Änderungen die Kalkulation des Risikos geboten.

Alle KMU behandeln Änderungen je nach Dringlichkeit und Komplexität unterschiedlich, die IT-Branche mit knapp 84% nur unwesentlich öfter als die ca. 74% bei den übrigen Branchen. Beide Ergebnisse sind sehr zufriedenstellend und bestätigen zudem These Nr. 3. Eine überlegt durchgeführte Differenzierung der anstehenden Änderungen nach den zwei genannten Kriterien ist nämlich von großer Bedeutung. So können wirklich wichtige (nutzenbringende) Änderungen bevorzugt behandelt werden und nachhaltig den Geschäftsbetrieb positiv beeinflussen.

Konfigurationsmanagement

Definition

Das Konfigurationsmanagement stellt die für das IT-Servicemanagement notwendigen Informationen über IT-Infrastruktur, ihre Komponenten und die zu erbringenden Services bereit. Änderungen werden dokumentiert und die Aktualität der Informationen wird regelmäßig geprüft.[89]

Untersuchungsgegenstand

Ein funktionierendes Konfigurationsmanagement ist ein zentraler Bestandteil eines gut aufgestellten IT-Servicemanagements. Anhand des durchschnittlichen Reifegrads dieses Prozesses, kann abgeleitet werden, dass die KMU dessen Wichtigkeit erkannt haben. Ein Vergleich der IT-Branche mit den anderen sowie die Untersuchung einzelner Fragestellungen sollen ein deutlicheres Ergebnis liefern:

1. Die IT-Branche ist auch hier erwartungsgemäß besser aufgestellt als die anderen Branchen.
2. Weniger als die Hälfte der KMU erfasst die Dokumentationen Ihrer IT-Infrastruktur und ihrer Komponenten an zentraler Stelle (CMDB[90]).
3. Die vollständige Pflege der vorhandenen lizenzierungspflichtigen Softwareprodukte wird auch in KMU sehr ernst genommen.

---

[89] Vgl. Böttcher (2013), S. 123-124.; vgl. ähnlich auch Köhler (2007), S. 55-61.

[90] Eine Configuration Management Database (CMDB) ist eine Datenbank zur Speicherung und Verwaltung von Configuration Items (sämtliche an den Geschäftsprozessen beteiligte Betriebsmittel der IT). Möglich ist die Erweiterung der CIs um Beziehungen und Abhängigkeiten untereinander. Ein weiteres Ziel ist die Unterstützung aller Module des Service Support und Service Delivery mit Bezug zu CIs). Vgl. ISACA (2013), S. 35.

Positionierung der Reifegrade der KMU in der IT-Branche (Filter: IT-Branche)

Laut Abbildung 31 haben 35,07% der KMU aus der IT-Branche den höchsten Reifegrad im Konfigurationsmanagement erreicht, wohingegen nur 5,97% bzw. 12,69% in den niedrigsten Reifegraden platziert sind.

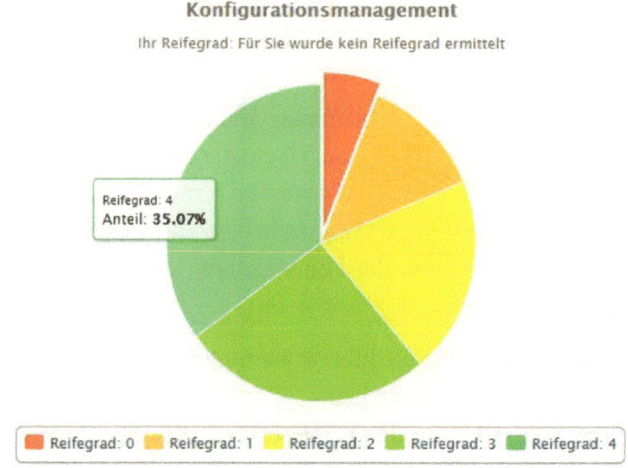

Abbildung 31: Reifegrade aller KMU der IT-Branche im Konfigurationsmanagement[91]

Positionierung der Reifegrade der KMU in allen Branchen außer IT (Filter: IT-Branche deaktiviert)

Nachfolgend sind die Differenzen der Abbildungen 31 und 32 dargestellt, wobei letztere die Reifegradergebnisse für alle Branchen außer der IT-Branche aufzeigt:

---

[91] Quelle: Bildschirmausschnitt von Gesamtauswertung, vgl. itsm-wissen (2015).

- 32,37% (-2,7%) in Reifegrad 4.
- 28,78% (+2,66%) in Reifegrad 3.
- 17,99% (-2,16%) in Reifegrad 2.
- 15,11% (+2,42%) in Reifegrad 1.
- 5,76% (-0,21%) in Reifegrad 0.

Die Unterschiede sind minimal, denn die Aufteilung verschiebt sich im Vergleich zur IT-Branche nur um jeweils ca. 2-3% von Reifegrad 4 zu Reifegrad 3 und von Reifegrad 2 zu Reifegrad 1.

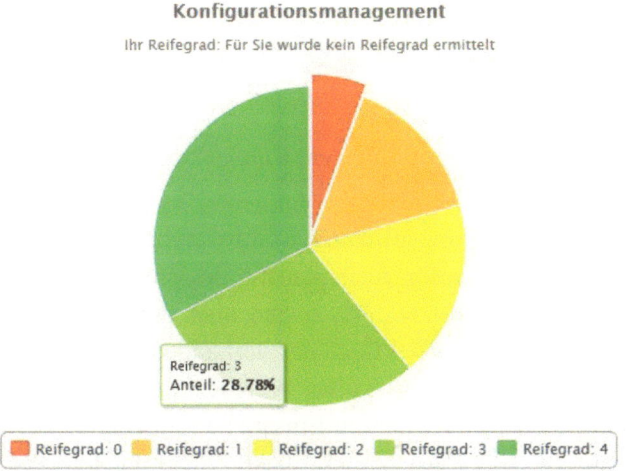

Abbildung 32: Reifegrade aller KMU ohne IT-Branche im Konfigurationsmanagement[92]

Beispielfragen aus dem Prozess Konfigurationsmanagement

Dokumentationen der IT-Infrastruktur und ihrer Komponenten werden anhand der Aufteilung aus Abbildung 33 bei 64,58% der KMU an zentraler Stelle erfasst. Für die übrigen 35,42% ist das Fehlen einer CMDB insofern problematisch, da unter Umständen die benötigten Dokumen-

---

[92] Quelle: Bildschirmausschnitt von Gesamtauswertung, vgl. itsm-wissen (2015).

tationen nicht gefunden und gegebenenfalls doppelt erstellt werden oder sogar widersprüchlich sind.

Werden die Dokumentationen der IT-Infrastruktur und ihrer Komponenten an zentraler Stelle erfasst?

Ihre Antwort: Diese Frage musste von Ihnen nicht beantwortet werden!

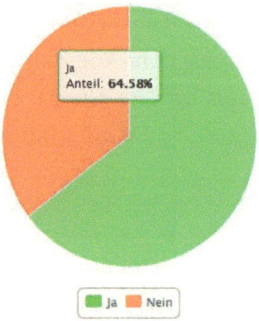

Ja
Anteil: 64.58%

■ Ja ■ Nein

Abbildung 33: Beispielfrage 1 aus dem Konfigurationsmanagement (alle KMU)[93]

Die Pflege der lizenzierungspflichtigen Softwareprodukte ist ein wichtiger Punkt im Konfigurationsmanagement, dessen Ergebnis die Abbildung 34 verdeutlicht. Mit 50,55% haben über die Hälfte aller KMU geantwortet, dass sie auf die Pflege der vorhandenen Lizenzen und die Anzahl ihrer Teilnehmer sehr großen Wert legen. So wird das Wissen über die vorhandenen bzw. sich im Einsatz befindlichen Softwarelizenzen sichergestellt. 40,29% geben an, diese Pflege nur teilweise durchzuführen. Daher ist nicht sicher, ob alle lizenzierungspflichtigen Softwareprodukte und die Anzahl ihrer Anwender irgendwo festgehalten werden. Eine Überprüfung und Dokumentation des aktuellen Standes ist in diesen Fällen dringend zu empfehlen. Es ist zu vermeiden, dass wichtige Software-Lizenzen nicht ausreichend vorhanden sind, aber auch, dass vorhandene Software-Lizenzen ungenutzt bleiben. Lediglich

---

[93] Quelle: Bildschirmausschnitt von Gesamtauswertung, vgl. itsm-wissen (2015).

9,16% sagen, dass sie einer solchen Pflege nicht unbedingt nachkommen wollen oder können.

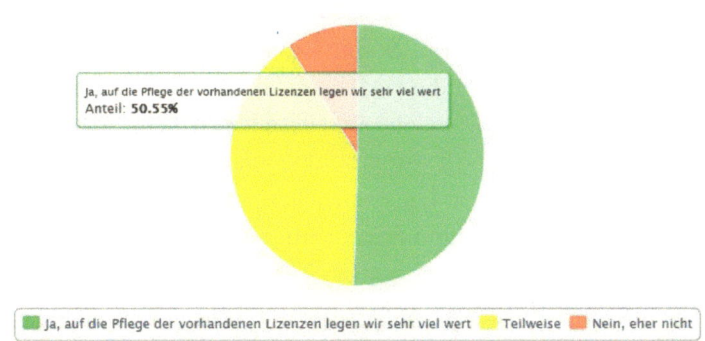

Abbildung 34: Beispielfrage 2 aus dem Konfigurationsmanagement (alle KMU)[94]

Schlussfolgerung für das Konfigurationsmanagement

These Nr. 1 kann infolge der Auswertung nicht bestätigt werden. Die IT-Branche ist nur unwesentlich besser aufgestellt als der Rest der Teilnehmer. Insgesamt befinden sich 60,17% der KMU in den beiden höchsten Reifegraden, weshalb die Umsetzung des Konfigurationsmanagement relativ positiv zu bewerten ist.

Auch die zweite These wird in der Analyse widerlegt, denn ca. 65% der KMU führen eine CMDB oder erfassen zumindest die Dokumentationen ihrer IT-Komponenten an zentraler Stelle. Dadurch wird vermieden, dass das entsprechende Fachwissen ausschließlich bei den verantwortlichen Mitarbeitern liegt. Sollten diese beispielsweise eines Tages aus dem Unternehmen ausscheiden, so können die von ihnen getroffe-

---

[94] Quelle: Bildschirmausschnitt von Gesamtauswertung, vgl. itsm-wissen (2015).

nen Entscheidungen schlecht nachvollzogen bzw. verstanden werden. Darüber hinaus ist es für neue Mitarbeiter schwierig sich in bestehende Systeme einzuarbeiten, ohne für diese eine Dokumentation lesen zu können.

Mehr als 50% der KMU pflegt seine Lizenzen vollständig und ca. 40% pflegt sie zumindest teilweise. Somit kann These Nr. 3 vollkommen bestätigt werden, denn auch die KMU nehmen dieses Thema sehr ernst. Lediglich die knapp 10%, welche voraussichtlich keine Übersicht der lizenzierungspflichtigen Softwareprodukte und der Anzahl ihrer Anwender haben, sollten diesen Umstand schnellstmöglich ändern und den aktuellen Stand aufnehmen und dokumentieren.

Release Management

Definition

Das Release Management erledigt die Planung, Überwachung und Durchführung von Veränderungen an der IT-Infrastruktur, von der Idee bzw. den ersten Anforderungen bis zum Erreichen des Endbenutzers. Dabei sollte die erwartete Veränderung mit einem vertretbaren Risiko, indem beispielsweise die Unterbrechung von Geschäftsprozessen möglichst gering gehalten wird, in der geforderten Zeit erfolgreich umgesetzt werden können.[95]

Untersuchungsgegenstand

Dieser Prozess ist mit einem durchschnittlichen Reifegrad von 1,69 bei den KMU der schlechteste aller betrachteten Prozesse. Exakt 53,68% der KMU befinden sich im Reifegrad 0 und 1. Die Ursachen für diesen Umstand sollen anhand einer detaillierten Auswertung im Rahmen der folgenden Thesen untersucht werden:

---

[95] Vgl. Böttcher (2013), S. 133-135.; vgl. ähnlich auch Köhler (2007), S. 102-105.

1. Ein Vergleich zwischen den zwei größeren internen IT-Abteilungen (21-30 MA; über 30 MA) und den zwei kleineren (1-10 MA; 11-20 MA) zeigt bei den KMU ein deutlich positiveres Ergebnis zugunsten der größeren IT-Abteilungen.
2. In KMU gibt es überwiegend keinen definierten Prozess zur Autorisierung und Inbetriebnahme neuer Softwareprodukte.
3. Standardkonfigurationen für neue Desktops, Laptops oder Server sind nur unzureichend in KMU vorhanden, selbst bei einer hohen Anzahl interner IT-Mitarbeiter.

Positionierung der Reifegrade der KMU mit kleinen internen IT-Abteilungen (Filter: 1-10 IT-Mitarbeiter; 11-20 IT-Mitarbeiter)

27,06% und 28,63% der KMU mit kleinen internen IT-Abteilungen befinden sich im Reifegrad 0 bzw. 1. Das Ergebnis dieser beiden Reifegrade ist in Summe ca. 2% schlechter als das aller KMU. Abbildung 35 zeigt zudem, dass die anderen drei Reifegrade mit Anteilen von jeweils ungefähr 13-16% relativ gleich aufgestellt sind.

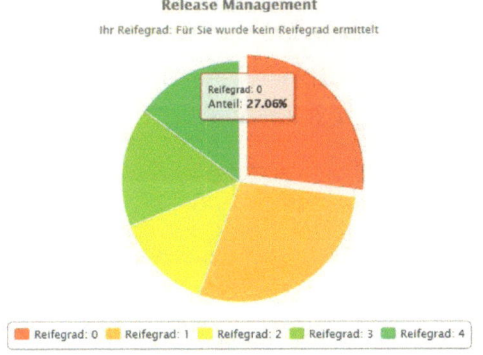

Abbildung 35: Reifegrade aller KMU im Release Management (1-20 IT-MA)[96]

---

[96] Quelle: Bildschirmausschnitt von Gesamtauswertung, vgl. itsm-wissen (2015).

Positionierung der Reifegrade der KMU mit großen internen IT-Abteilungen (Filter: 21-30 IT-Mitarbeiter; über 30 IT-Mitarbeiter)

Zum Vergleich der Ergebnisse aus Abbildung 35 werden in der folgenden Abbildung 36 Reifegradergebnisse der KMU mit größeren internen IT-Abteilungen dargestellt. Nachfolgend die prozentualen Differenzen:

- 27,78% (+12,88%) in Reifegrad 4.
- 38,89% (+22,81%) in Reifegrad 3.
- 11,11% (-2,22%) in Reifegrad 2.
- 16,67% (-11,96%) in Reifegrad 1.
- 5,56% (-21,5%) in Reifegrad 0.

Anhand der Zahlen ist ein deutlicher Unterschied in der Verteilung zu erkennen. Fast 13% mehr erreichen hier den höchsten Reifegrad und knapp 23% mehr den Reifegrad 3. Analog dazu sind ca. 12% weniger in Reifegrad 1 und 21,5% weniger in Reifegrad 0 eingestuft.

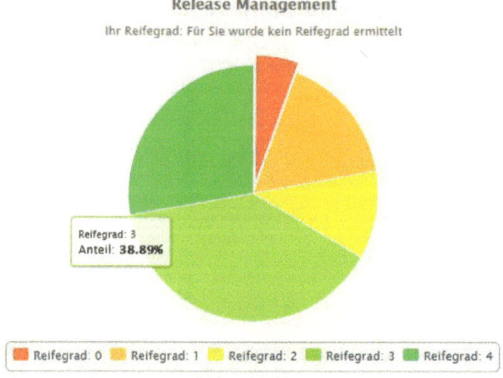

Abbildung 36: Reifegrade aller KMU im Release Management (21-über 30 IT-MA)[97]

---

[97] Quelle: Bildschirmausschnitt von Gesamtauswertung, vgl. itsm-wissen (2015).

Beispielfragen aus dem Prozess Release Management

Einen Prozess zur Autorisierung und Inbetriebnahme von neuen Softwarelösungen haben laut Abbildung 37 61,17% aller KMU nicht definiert. Hier ist jede Software-Einführung unterschiedlich und kann im Eventualfall Probleme verursachen, auf welche man nicht vorbereitet ist und für welche auch keine geregelte Lösung besteht. Bei den übrigen Unternehmen ist eine fest definierte Vorgehensweise vorhanden.

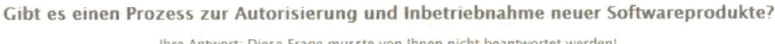

Gibt es einen Prozess zur Autorisierung und Inbetriebnahme neuer Softwareprodukte?

Ihre Antwort: Diese Frage musste von Ihnen nicht beantwortet werden!

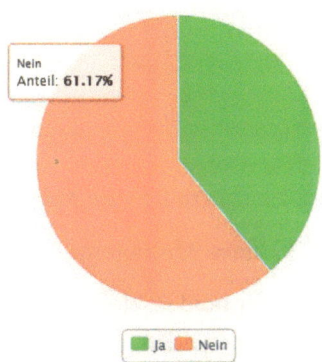

Abbildung 37: Beispielfrage 1 aus dem Release Management (alle KMU)[98]

43,22% der KMU benutzen Standardkonfigurationen um neue Hardware, wie z.B. Desktop, Laptop, Server, usw. einzurichten und in den laufenden Betrieb zu übernehmen. Abbildung 38 zeigt die Aufteilung der Antworten für alle KMU. Bei einer Filterung auf die KMU mit IT-Abteilungen ab 21 Mitarbeiter steigt dieser Wert auf sehr gute 66,67%. Weitere 43,96% bzw. bei großer IT-Abteilung 27,78% haben für diesen zumindest eine ungefähre Richtlinie vereinbart, nach welcher die Konfigurationen durchgeführt werden sollen. Mit 12,82% bzw. 5,56% ist

---

[98] Quelle: Bildschirmausschnitt von Gesamtauswertung, vgl. itsm-wissen (2015).

der Anteil eher gering, welcher keinen Standard für Neu-Konfigurationen besitzen. Diese werden daher individuell und bedarfs-gerecht manuell aufgesetzt.

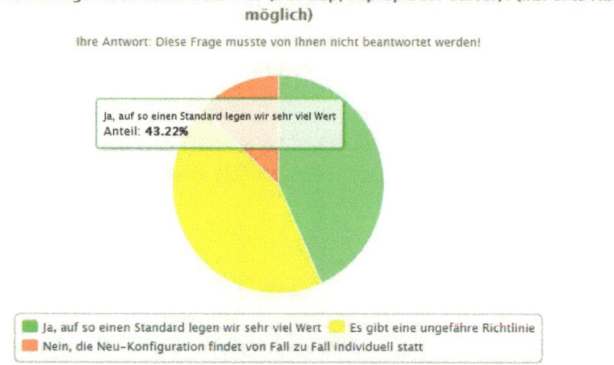

Abbildung 38: Beispielfrage 2 aus dem Release Management (alle KMU)[99]

Schlussfolgerung für das Release Management

Die KMU in den Kategorien der beiden kleineren IT-Abteilungen (1-20 MA) haben mit 30,98% in den beiden höchsten Reifegradstufen ein relativ schlechtes Ergebnis erzielt, die Kategorien der beiden größeren IT-Abteilungen (21-über 30 MA) liegen hingegen bei einem mehr als doppelt so großen Anteil (66,67%). Die erste These kann somit bestä-tigt werden.

These Nr. 2 kann zum großen Teil ebenfalls bestätigt werden, da 61,17% der KMU sich bei der Autorisierung und Inbetriebnahme neuer Softwareprodukte nicht nach definierten Prozessen richten. Somit be-steht dringender Handlungsbedarf, indem ein solcher Prozess ausgear-beitet und in einer Richtlinie definiert wird. Darüber hinaus ist eine

---

[99] Quelle: Bildschirmausschnitt von Gesamtauswertung, vgl. itsm-wissen (2015).

Verknüpfung zwischen Release Management und Veränderungsmanagement sinnvoll. Genehmigte Änderungen führen häufig zu neuen Releases. Ist keine Verknüpfung vorhanden, können die Daten des Veränderungsmanagement nicht direkt ins Release Management übernommen werden, was zu einer Verlangsamung der Prozesse, aber auch zu vermehrten Fehlern führen kann.

Standardkonfigurationen für neue Hardware werden entgegen der These der Autoren bei 43,22% der KMU eingesetzt. Bei der Filterung auf große interne IT-Abteilungen steigt dieser Wert sogar auf gute 66,67%. Bei häufig wiederkehrenden Konfigurationen kann dieser Prozess automatisiert und somit zeiteffizienter ausgestaltet werden. Außerdem wird durch eine geprüfte Standardkonfiguration ein zuverlässiges, betriebsgerechtes und für die IT-Infrastruktur verträgliches Verhalten sichergestellt. Des Weiteren ist der Einsatz einer Versionskontrolle, welche Änderungen erfasst und archiviert, von Vorteil. Änderungen können so zukünftig besser erkannt und nachvollzogen werden. Ein weiterer elementarer Vorteil wäre, dass dadurch sehr leicht auf vorherige Softwareversionen zugegriffen und gegebenenfalls zu diesen zurückgekehrt werden könnte.

Verfügbarkeitsmanagement

Definition

Das Verfügbarkeitsmanagement definiert aus den Geschäftsanforderungen ein servicespezifisches Verfügbarkeitsniveau, welches die Zuverlässigkeit aller IT-Services entsprechend ihrem derzeitigen und zukünftigen Bedarf kosteneffizient sicherstellt. Es bildet letztendliche eine Strategie zur Gewährleistung ausreichender Kapazitäten für die zu erbringenden Services.[100]

---

[100] Vgl. Böttcher (2013), S. 77-78.; vgl. ähnlich auch Köhler (2007), S. 113-116.

Untersuchungsgegenstand

Verfügbarkeitsmanagement ist in der Betrachtung des Gesamtmarktes und auch in der Analyse der KMU-Ergebnisse der beste Prozess, welcher jeweils mit über 65% aller Teilnehmer in den Reifegraden 3 und 4 überdurchschnittlich gut abgeschnitten hat. Zum Vergleich siehe auch Kapitel „Gesamtsituation des ITSM". Im Folgenden sollen die Ursachen hierfür anhand von drei Thesen und der detaillierten Analyse des Prozesses herausgefunden werden:

1. Die schnelle Weiterentwicklung der IT führt zwangsläufig zu immer komplexeren Systemlandschaften, da teilweise alte und neue Systeme gleichzeitig existieren. Daher sind sich die meisten Unternehmen jeglicher Größe ihrer Abhängigkeit von der IT bewusst und haben Verfügbarkeit entsprechend definiert.
2. Die IT-Branche erzielt ein deutlich besseres Ergebnis als die anderen Branchen.
3. Das überdurchschnittlich gute Ergebnis sowohl für den Gesamtmarkt, als auch speziell für KMU ist auf die Auswahl der gestellten Fragen zurückzuführen.

Positionierung der Reifegrade über alle Branchen in KMU

Abbildung 39 dient der Verdeutlichung, dass Verfügbarkeitsmanagement ein sehr gutes bzw. das beste Ergebnis erzielt hat, denn 65,44% sind in den beiden höchsten Reifegradstufen vertreten und gerade einmal 17,28% in den beiden niedrigsten. Dennoch wurden hier im Vergleich zum Gesamtmarkt jeweils ein paar Prozentpunkte eingebüßt.

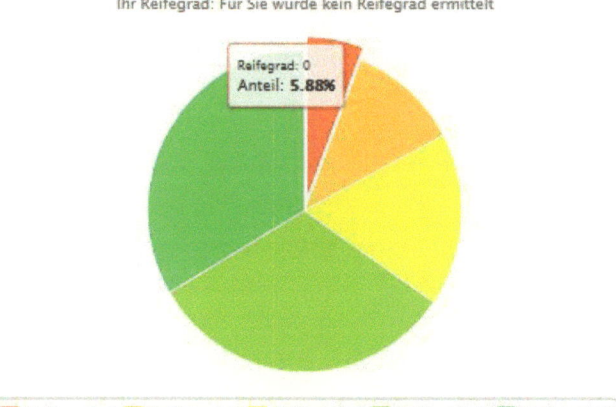

Abbildung 39: Reifegrade aller KMU im Verfügbarkeitsmanagement[101]

Die Abbildungen 40 und 41 vergleichen das Ergebnis dieses Prozesses für die IT-Branche und für alle anderen Branchen, um einen Hinweis zur Bestätigung bzw. Widerlegung von These Nr. 2 zu erhalten.

Positionierung der Reifegrade der KMU in der IT-Branche (Filter: IT-Branche)

Abbildung 40 zeigt eine relativ starke Verschiebung in den oberen Reifegraden und eine leichte in den unteren:

- 42,86% (+9,4%) in Reifegrad 4.
- 21,8% (-10,19%) in Reifegrad 3.
- 21,8% (+4,52%) in Reifegrad 2.
- 7,52% (-3,88%) in Reifegrad 1.
- 6,02% (+0,14%) in Reifegrad 0.

---

[101] Quelle: Bildschirmausschnitt von Gesamtauswertung, vgl. itsm-wissen (2015).

Im Vergleich mit allen Branchen (inklusive IT) hat die IT-Branche in diesem Prozess eine deutliche Steigerung zu verzeichnen, denn ca. 4% sind von Reifegrad 1 in 2 gewandert und nahezu 10% vom 3. Reifegrad in den 4. Nur Reifegrad 0 blieb mit einer Zunahme von 0,14% quasi unverändert.

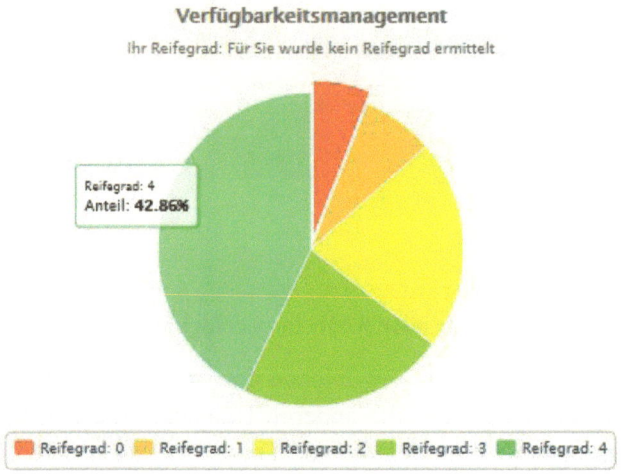

Abbildung 40: Reifegrade aller KMU der Branche IT im Verfügbarkeits-management[102]

Positionierung der Reifegrade der KMU in allen Branchen außer IT (Filter: IT-Branche deaktiviert)

Abbildung 41 und die folgenden Prozentwerte mit den Ergebnissen aller Branchen außer IT sollen die direkte Abweichung zur Abbildung 40 mit den Ergebnissen der IT-Branche aufzeigen:

---

[102] Quelle: Bildschirmausschnitt von Gesamtauswertung, vgl. itsm-wissen (2015).

- 24,46% (-18,4%) in Reifegrad 4.
- 41,73% (+19,93%) in Reifegrad 3.
- 12,95% (-8,85%) in Reifegrad 2.
- 15,11% (+7,59%) in Reifegrad 1.
- 5,76% (-0,26%) in Reifegrad 0.

Würde man die oberen zwei Reifegrade addieren und mit denen der IT-Branche vergleichen, würde der Unterschied nur minimal ausfallen. Daher ist es hier wichtig die einzelnen Prozentzahlen jeder Stufe zu betrachten. An diesen Zahlen ist deutlich zu sehen, dass knapp 20% weniger im Reifegrad 1 und dafür ca. 20% mehr im Reifegrad 2 zu finden sind. Auch das Minus von ca. 9% im Reifegrad 2 ist somit als Plus im 1. Reifegrad zu verzeichnen.

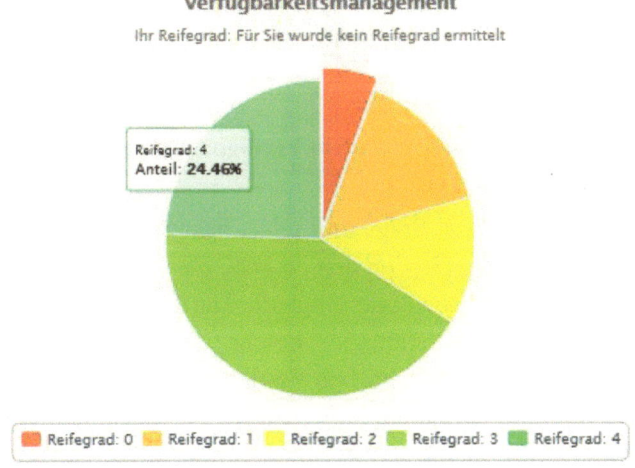

Abbildung 41: Reifegrade aller KMU ohne IT-Branche im Verfügbarkeitsmanagement[103]

---

[103] Quelle: Bildschirmausschnitt von Gesamtauswertung, vgl. itsm-wissen (2015).

Beispielfragen aus dem Prozess Verfügbarkeitsmanagement

Laut Abbildung 42 finden 68,86% der KMU eine definierte Verfügbarkeit in ihrem Unternehmen wichtig und nur ein Drittel hält sie für unwichtig.

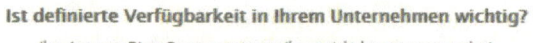

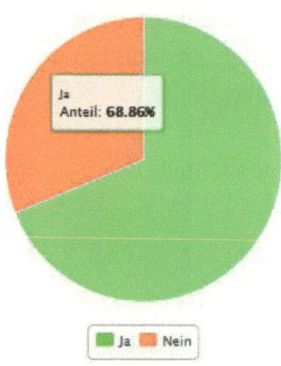

Abbildung 42: Beispielfrage 1 aus dem Verfügbarkeitsmanagement (alle KMU)[104]

Teilnehmer, welche diese Frage mit „Ja" beantworten, erhalten die Unterfrage in Abbildung 43. Von den 68,86% die definierte Verfügbarkeit für wichtig halten, haben allerdings die Hälfte keine oder eine unzureichende Verfügbarkeitsstrategie, welche den Anforderungen des Geschäftsalltags nicht entspricht. Die Festlegung einer entsprechenden Strategie ist für eine fortlaufende Verfügbarkeit unentbehrlich, denn diese sollte möglichst ohne Unterbrechung gewährleistet werden.

---

[104] Quelle: Bildschirmausschnitt von Gesamtauswertung, vgl. itsm-wissen (2015).

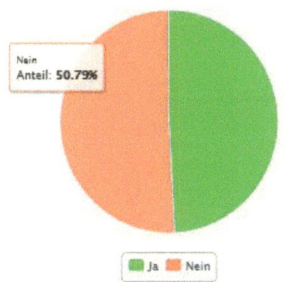

---> Wenn ja, gibt es eine Verfügbarkeitsstrategie, die sich an den zu erbringenden Service Anforderungen orientiert?

Ihre Antwort: Diese Frage musste von Ihnen nicht beantwortet werden!

Abbildung 43: Unterfrage 1 zu Abbildung 42 (alle KMU)[105]

Für die 31,14%, welche die Eingangsfrage mit „Nein" beantwortet haben, gibt es drei unterschiedliche Vorgehensweisen, um Verfügbarkeit dennoch zu gewährleisten. Diese werden in Abbildung 44 dargestellt. Mit 41,86% versucht der größte Teil präventiv Engpässe möglichst früh zu erkennen. Dies ist zwar als positiv anzusehen, aber dennoch ist ein solches Vorgehen durch die Untermauerung einer Verfügbarkeitsstrategie wesentlich effektiver. Immerhin 32,56% bessern an entsprechender Stelle nach, sobald ein Engpass entsteht. Dieses Vorgehen ist allerdings nur eine Reaktion und keine Vorbeugung zur Vermeidung solcher Situationen. Das übrige Viertel sagt, dass es keine Vorgaben zur Gewährleistung von Verfügbarkeit gibt und sie daher auch nicht gewährleistet werden kann.

---

[105] Quelle: Bildschirmausschnitt von Gesamtauswertung, vgl. itsm-wissen (2015).

Abbildung 44: Unterfrage 2 zu Abbildung 41 (alle KMU)[106]

Eine weitere Frage zielt auf die Messung der Verfügbarkeit einzelner IT-Komponenten ab. Bei dieser gab es ebenfalls drei Antwortmöglichkeiten, deren Aufteilung in Abbildung 45 veranschaulicht wird. 28,94% aller KMU messen die Verfügbarkeit jeder einzelnen IT-Komponente und 56,78% überwachen sie zumindest teilweise. Nur 14,29% überwachen keine Komponente und können somit auch nicht auf Störungen der Verfügbarkeit direkt reagieren und gefährden damit in hohem Maße die Ausführung ihrer Services.

---

[106] Quelle: Bildschirmausschnitt von Gesamtauswertung, vgl. itsm-wissen (2015).

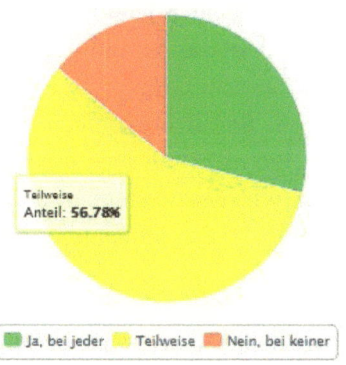

Abbildung 45: Beispielfrage 2 aus dem Verfügbarkeitsmanagement (alle KMU)[107]

Schlussfolgerung für das Verfügbarkeitsmanagement

These Nr. 1 kann aufgrund der durchweg guten Ergebnisse des Prozesses bestätigt werden. Die überwiegende Anzahl der KMU hat eine Verfügbarkeitsstrategie definiert oder zumindest definierte Vorgehensweisen, um Verfügbarkeit nach Möglichkeit ohne Unterbrechung gewährleisten zu können.

Die IT-Branche erzielt laut der zweiten These ein deutlich besseres Ergebnis als die Unternehmen der übrigen Branchen. Anhand der Verteilung in den Abbildungen 40 und 41 kann dies ebenfalls bestätigt werden. Nahezu 20% mehr Teilnehmer im höchsten Reifegrad und ca. 8% weniger in den untersten Reifegradstufen zeigen ein eindeutiges Ergebnis. In diesem Prozess scheint das erwartungsgemäß höhere Be-

---

[107] Quelle: Bildschirmausschnitt von Gesamtauswertung, vgl. itsm-wissen (2015).

wusstsein der IT-Branche für die Wichtigkeit der IT-Systeme, im Gegensatz zum Sicherheitsmanagement tatsächlich vorhanden zu sein.

Gründe für das gute Ergebnis könnten laut These Nr. 3 in der Auswahl der Fragen liegen. Tatsächlich ist die Anzahl der Fragen in diesem Prozess relativ gering. Es gibt nur zwei Hauptfragen und für die erste davon noch zwei Unterfragen. Somit braucht ein Teilnehmer nur eine Frage positiv beantworten, um nicht mit dem untersten Reifegrad abzuschneiden. Ein Teilnehmer, welcher Verfügbarkeit für wichtig hält und nur teilweise Messungen von IT-Komponenten vornimmt, erreicht bereits den Reifegrad 2. Bekommt dieser bei der Ergebnisermittlung noch einen positiven Faktor (kleines Unternehmen oder kleine IT-Abteilung ohne Einsatz von ITSM-Frameworks) zugesprochen, verschiebt sich das Ergebnis in Reifegradstufe 3. In diesem Fall ist noch nicht einmal das Vorhandensein eines Verfügbarkeitskonzeptes notwendig. Somit kann auch diese These mit Einschränkungen bestätigt werden. Eine Anpassung der Punktevergabe bzw. eine Erweiterung der Prozessfragen könnte zu einem repräsentativeren Ergebnis führen.

Sicherheitsmanagement

Definition

Das Sicherheitsmanagement stellt sicher, dass alle Güter, Informationen, Daten und IT-Services eines Unternehmens jederzeit hinsichtlich ihrer Vertraulichkeit, Integrität und Verfügbarkeit geschützt sind.[108]

Untersuchungsgegenstand

Sicherheit in Bezug auf Informationssysteme und Daten ist heutzutage in aller Munde. Da 44,12% aller KMU in diesem Prozess starke Defizite aufweisen, soll dieser nachfolgend anhand von drei Thesen detailliert ausgewertet werden:

---

[108] Vgl. Köhler (2007), S. 17-19.; vgl. ähnlich auch Buchsein (2008), S. 56.

1. IT-Sicherheit ist nur unzureichend in den KMU umgesetzt.
2. Eine große interne IT-Abteilung führt zu einem erhöhten Bewusstsein für die Notwendigkeit von IT-Sicherheit.
3. Speziell die IT-Branche ist sich der Notwendigkeit von der Sicherheit ihrer Systeme, Anwendungen und Daten bewusst.

Positionierung der Reifegrade über alle Branchen in KMU

Das Verteilungsdiagramm in Abbildung 46 zeigt, dass 44,12% der KMU einen niedrigen Reifegrad von 0 oder 1 erreicht haben, wohingegen sich nur 35,66% in einem hohen Reifegrad von 3 oder 4 platziert haben. Diese Auswertung verdeutlicht, dass bei ca. der Hälfte der teilnehmenden KMU ein deutliches Defizit im Bereich der IT-Sicherheit besteht. Somit ist die Vertraulichkeit, Integrität und Verfügbarkeit von Daten, Informationen, Anwendungen und damit auch IT-Services nicht ausreichend geschützt.

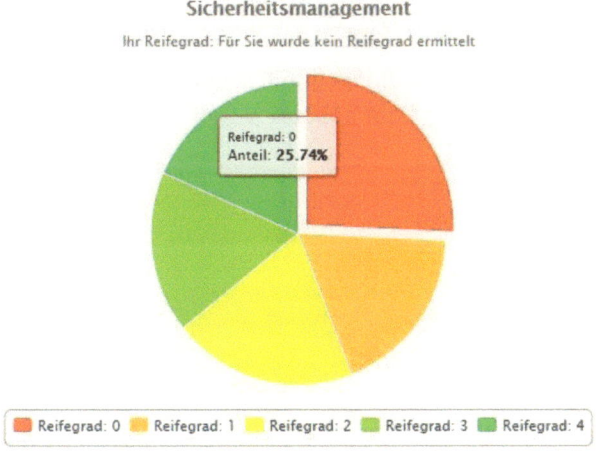

Abbildung 46: Reifegrade aller KMU im Sicherheitsmanagement[109]

---

[109] Quelle: Bildschirmausschnitt von Gesamtauswertung, vgl. itsm-wissen (2015).

Im Folgenden werden drei Auswertungen (Abbildungen 47, 48 und 49) dieses Prozesses mit unterschiedlicher Filterung erläutert und mit dem Ergebnis der Abbildung 46 verglichen, um den eingangs aufgestellten Thesen auf den Grund zu gehen. Abbildung 50 hingegen ist ein direkter Vergleich zur vorherigen Abbildung 49.

Positionierung der Reifegrade über alle Branchen in KMU mit max. 10 interne IT-Mitarbeiter (Filter: 1-10 IT-Mitarbeiter)

Bei geringer Anzahl interner IT-Mitarbeiter offenbart sich in Abbildung 47 ein noch schlechteres Bild:

- 48,47% (+4,35%) der Teilnehmer haben einen niedrigen Reifegrad von 0 oder 1 erreicht.
- Nur 33,62% (-2,04%) der Teilnehmer haben einen hohen Reifegrad von 3 oder 4 erreicht.

Diese Zahlen unterstreichen, dass Unternehmen mit einer kleinen IT-Abteilung in diesem Prozess niedrigere Reifegrade erreichen als Unternehmen mit mehr internen IT-Mitarbeitern. Demzufolge müssen Unternehmen mit größeren IT-Abteilungen in diesem Bereich deutlich besser Ergebnisse erzielt haben und ein höheres Verständnis für dieses Thema aufweisen.

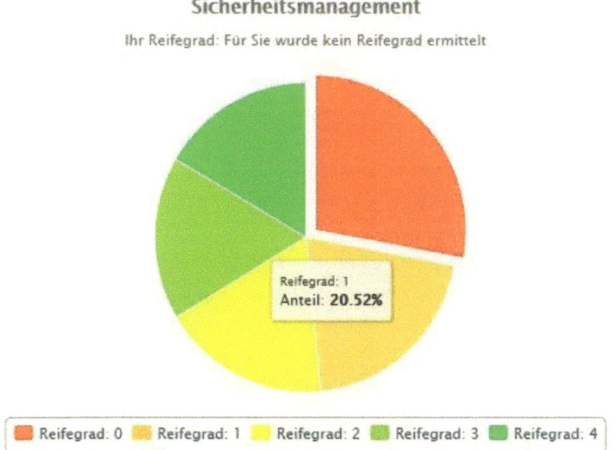

Abbildung 47: Reifegrade aller KMU im Sicherheitsmanagement (IT <= 10 MA)[110]

Positionierung der Reifegrade über alle Branchen in KMU mit mehr als 10 IT-Mitarbeiter (Filter: 11 bis über 30 IT-Mitarbeiter)

Bei ausschließlicher Betrachtung der KMU mit größeren internen IT-Abteilungen in Abbildung 48 entsteht ein deutlich anderes Ergebnis:

- Nur 20,93% (-23,19%) haben einen niedrigen Reifegrad von 0 oder 1 erreicht.
- 46,51% (+10,85%) haben einen hohen Reifegrad von 3 oder 4 erreicht.

Dieses Diagramm untermauert die soeben getroffene Annahme, dass Unternehmen mit größeren internen IT-Abteilungen höhere Reifegrade im Prozess Sicherheitsmanagement erreichen und sich daher eher bewusst sind, dass die IT ein durchdachtes Sicherheitsmanagement benötigt.

---

[110] Quelle: Bildschirmausschnitt von Gesamtauswertung, vgl. itsm-wissen (2015).

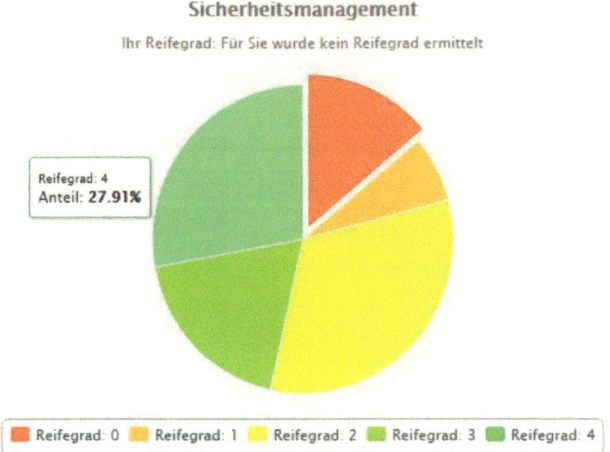

Abbildung 48: Reifegrade aller KMU im Sicherheitsmanagement (IT > 10 MA)[111]

Positionierung der Reifegrade der KMU in der IT-Branche (Filter: IT-Branche)

Betrachtet man nur die IT-Branche aller KMU in Abbildung 49, so entsteht ein ähnliches Bild:

- 45,87% (+1,75%) haben einen niedrigen Reifegrad von 0 oder 1 erreicht.
- 35,34% (-0,32%) haben einen hohen Reifegrad von 3 oder 4 erreicht.

---

[111] Quelle: Bildschirmausschnitt von Gesamtauswertung, vgl. itsm-wissen (2015).

Die Filterung auf die IT-Branche führt zu einer leicht verschlechterten Aufteilung der erreichten Reifegradstufen. Somit weisen die teilnehmenden IT-Unternehmen kein erhöhtes Bewusstsein für die Wichtigkeit von Sicherheitsmaßnahmen für die interne IT auf.

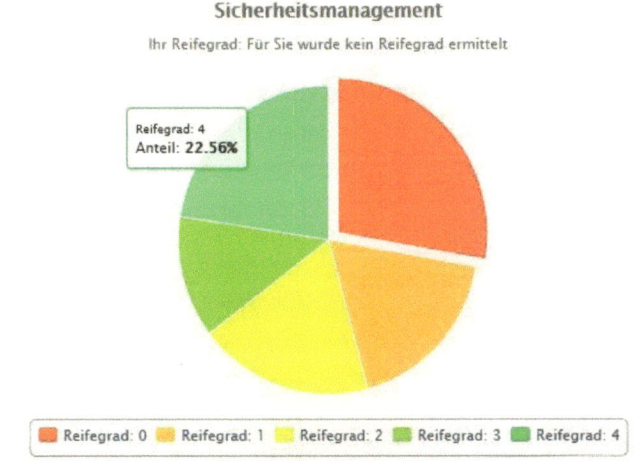

Abbildung 49: Reifegrade aller KMU der Branche IT im Sicherheitsmanagement[112]

---

[112] Quelle: Bildschirmausschnitt von Gesamtauswertung, vgl. itsm-wissen (2015).

Positionierung der Reifegrade der KMU in allen Branchen außer IT (Filter: IT-Branche deaktiviert)

Um das Ergebnis der anderen Branchen direkt mit dem der IT-Branche zu vergleichen, wird in Abbildung 50 die IT-Branche durch den Filter ausgeschlossen. Das Ergebnis fällt nicht wie erwartet schlechter, sondern leicht besser als in Abbildung 49 aus:

- 42,45% (-3,42%) haben einen niedrigen Reifegrad von 0 oder 1 erreicht.
- 35,97% (+0,63%) haben einen hohen Reifegrad von 3 oder 4 erreicht.

Der Ausschluss der IT-Branche ergibt ein unerwartetes Ergebnis, denn die übrigen Branchen schneiden insgesamt leicht besser ab.

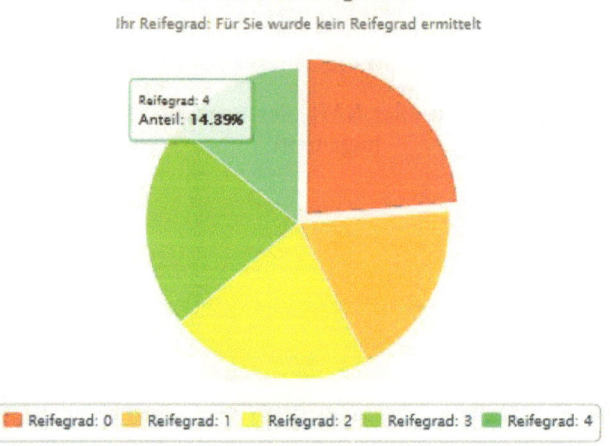

Abbildung 50: Reifegrade aller KMU ohne IT-Branche im Sicherheitsmanagement[113]

---

[113] Quelle: Bildschirmausschnitt von Gesamtauswertung, vgl. itsm-wissen (2015).

Beispielfrage mit Unterfrage aus dem Prozess Sicherheitsmanagement

Abbildung 51 zeigt, dass 47,99% aller KMU keine unternehmensweite verbindliche Sicherheitsrichtlinie haben. Das Fehlen einer solchen kann dazu führen, dass die Mitarbeiterinnen und Mitarbeiter sich möglicher Sicherheitsrisiken bzw. deren Folgen nicht bewusst sind.

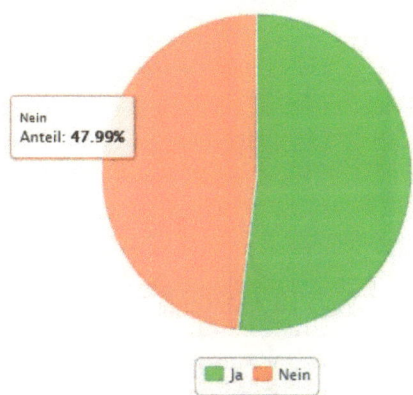

Abbildung 51: Beispielfrage aus dem Sicherheitsmanagement (alle KMU)[114]

Die Unterfrage in Abbildung 52 mussten nur die 52,01% der Teilnehmer beantworten, welche die vorhergehende Frage mit „Ja" beantwortet haben. Knapp über die Hälfte überprüft ihre Sicherheitsrichtlinie demnach nur in unregelmäßigen Abständen. Dies beinhaltet das Risiko, dass die Sicherheitsrichtlinie für eine unbestimmte Zeit nicht eingehalten wird und dadurch erhöhte Sicherheitsrisiken entstehen. Immerhin

---

[114] Quelle: Bildschirmausschnitt von Gesamtauswertung, vgl. itsm-wissen (2015).

35,92% überprüfen ihre Sicherheitsrichtlinie regelmäßig und nur 12,68% nie.

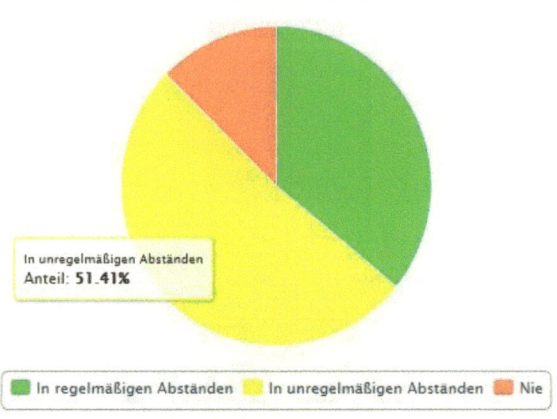

Abbildung 52: Unterfrage zu Abbildung 51 (alle KMU)[115]

Schlussfolgerung für das Sicherheitsmanagement

Im Zeitalter elektronischer Geschäftsprozesse ist eine funktionierende und sichere IT-Infrastruktur eine Voraussetzung für die interne Leistungsfähigkeit eines Unternehmens. Daher ist es notwendig, dass die IT-Infrastrukturen der KMU die Grundwerte Vertraulichkeit, Verfügbarkeit und Integrität gewährleisten. Da 44,12% der KMU im Sicherheitsmanagement einen niedrigen Reifegrad erreicht haben, kann die erste These als erwiesen angesehen werden.

---

[115] Quelle: Bildschirmausschnitt von Gesamtauswertung, vgl. itsm-wissen (2015).

Für diesen Prozess kann aus den analysierten Ergebnissen außerdem These Nr. 2 bestätigt werden, dass Unternehmen mit einer großen internen IT-Abteilung im Durchschnitt einen höheren Reifegrad aufweisen als Unternehmen mit wenigen internen IT-Mitarbeitern. Als Schlussfolgerung kann festgehalten werden, dass die interne IT grundsätzlich zu einem erhöhten Bewusstsein für die Notwendigkeit von ITSM und deren Prozessbereiche führt. Natürlich sollte beachtet werden, dass die Anzahl der Unternehmen aus den jeweiligen Branchen sowie die Unternehmensgrößen dabei eine zusätzliche Rolle spielen.

These Nr. 3, dass speziell die Branche IT sich der Notwendigkeit von IT-Sicherheit bewusst ist, kann hingegen nicht bestätigt werden. Bei ausschließlicher Betrachtung der IT-Branche ist sogar eine leichte Verschlechterung zum Gesamtbild aller Branchen und auch im direkten Vergleich mit den anderen Branchen festzustellen.

Auswertung der Freitextfelder

Mehr als die Hälfte aller 488 Unternehmen hat am Ende der Umfrage bei den drei reinen Freitextfragen weitere Antworten gegeben. Ein Teilnehmer hatte dabei die Möglichkeit, bei einer Frage in eigenen Worten, mehrere Probleme zu nennen und zu erläutern. Diese nicht unmittelbar bzw. automatisiert auswertbaren Informationen mussten für eine aussagekräftige Analyse kategorisiert und zusammengefasst werden. Aus diesen werden im Folgenden die häufigsten Beiträge unter den KMU nacheinander aufgelistet, beginnend mit dem größten prozentualen Anteil gegebener Antworten.

Dabei beinhalten die folgenden Seiten nur die Freitextangaben der 272 KMU und die Antworten der 216 Großunternehmen wurden daher nicht berücksichtigt. Diese haben teilweise ähnliche Themen aber stellenweise auch ganz andere Probleme angesprochen, da hier ITSM-Prozesse bereits öfters bzw. sogar gut umgesetzt sind.

Schwachstellen in der IT

Ein Großteil der KMU (41,18%) hat bei der Frage „Wo gibt es in Ihrem Unternehmen Schwachstellen in den zuvor benannten Themen bzw. in welchen Bereichen würden Sie sich Änderungen wünschen?" eigene Antworten abgegeben. Die folgenden Prozentzahlen stellen den Anteil von den eben genannten 41,18% dar:

- 15,18% (ca. die Hälfte kommt aus der IT-Branche) kann den Mehrwert ihrer IT bzw. ihres ITSM nicht erfassen. So würden einige Unternehmen gerne die Leistung ihrer IT mithilfe von ITSM messen bzw. ein IT-Kontrollsystem einführen, um mehr Kontrolle über die Kosten zu erlangen. Andere würden gerne vor einer Einführung von ITSM die Kosten dem Nutzen gegenüberstellen und nur Investitionsplanungen durchführen, welche einen spürbaren Mehrwert ermöglichen. Unternehmen bis ca. 100 Mitarbeiter suchen ITSM-Lösungen, welche für diese Unternehmensgrößen mit eigener IT ausgelegt und mit passendem Kostenrahmen verbunden sind. Diese Unternehmen sind das Thema ITSM zum großen Teil auch angegangen, jedoch fehlt die Zeit, um es in einen Zustand zu bringen in dem Verbesserungen erkennbar werden. Teilweise seien Prozesse auf zu viele Verantwortliche verteilt, dass deren Mehrwert überhaupt nicht nachvollzogen werden kann. Kleinunternehmen (unter 10 Mitarbeiter) praktizieren kein ITSM, weil meistens nur eine Person für die gesamte IT zuständig ist. Insgesamt fehlt aber oft in großen Teilen des Unternehmens (teilweise der IT-Abteilung selbst) das Bewusstsein, dass IT einen elementaren Wertebeitrag zum Unternehmen leistet. Stattdessen herrsche eher die klassische Ansicht der IT als "Problemlöser" vor.

- 14,29% (ca. die Hälfte kommt aus der IT-Branche) haben zu wenige Ressourcen, wie z.b. zu wenig Zeit aufgrund des Tagesgeschäfts, fehlende finanzielle Mittel zur Optimierung der IT sowie unzureichendes Personal, da kleinere Betriebe Mitarbeiter nicht exklusiv für die IT abstellen können oder wollen.

- 13,39% (ca. ein Drittel kommt aus der IT-Branche) haben Probleme mit dem Prozessmanagement, beispielsweise hätten die Prozesse zu aufwändige und bürokratische sowie teilweise gar keine geregelten Abläufe anstelle von pragmatischen Umsetzungen. Teilweise würden die Bereiche "Service Strategy" und "Service Design" nicht praktisch betrieben. Problematisch sei auch die Verteilung mancher Prozesse auf zu viele Schultern, nur um der Ressourcensituation gerecht zu werden, was zu einer Diversifizierung der gelebten, im Gegensatz zu den definierten Prozessen führe. Anderen Unternehmen fehlen IT-Prozessdefinitionen, weswegen die Prozesse keine Orientierung an ITSM-Frameworks haben. Das Umsetzen von Standards wird als sinnvoll angesehen, da es aktuell zu viele Workarounds gibt.

- 12,5% (ca. zwei Fünftel kommt aus der IT-Branche) hat als größte Schwachstelle die Dokumentation der Prozesse und Systeme aus dem Konfigurationsmanagement.
- 11,61% (ca. zwei Fünftel kommt aus der IT-Branche) haben ihre Schwächen im Kontinuitäts- und Risikomanagement. Es gebe unzureichende Risikoanalysen und keinerlei Ressourcen (die IT ist zu schwach aufgestellt), um den Ernstfall zu proben, wofür die Geschäftsleitung und deren zu geringe Risikoabschätzung verantwortlich gemacht werden. Dadurch ergeben sich Unsicherheiten der IT-Mitarbeiter bezüglich der Praxis bei kritischen Fehlern. Datensicherung im Katastrophenfall sei ein weiteres wichtiges Thema in diesem Bereich.
- 8,93% (exakt zwei Fünftel kommt aus der IT-Branche) geben als deutlichste Schwachstelle die Geschäftsleitung an, welche sich nicht auf neue Themen einlassen könne oder wolle.
- 8,04% sehen die Hauptschwachstelle im Service Level Management. Service Level Agreements (SLA) fehlen oder seien unrealistisch einzuhalten mit den gegebenen Umständen. Ein 24 Stunden Service für die Kunden sei wünschenswert, aber einfach nicht realisierbar bzw. finanzierbar. Letzter Grund ist, dass Serviceprojekte unkoordiniert und unstrukturiert ablaufen.
- 6,25% (ca. zwei Drittel kommt aus der IT-Branche) haben Probleme im Sicherheitsmanagement, beispielsweise mit unzureichendem Datenschutz, schlecht automatisierte Sicherheitsmechanismen und standortübergreifende Redundanz. Andere sehen in der Erstellung und Umsetzung einer globalen Sicherheitsrichtlinie das Problem.
- 5,36% (exakt die Hälfte kommt aus der IT-Branche) sieht ein deutliches Problem in der Verfügbarkeit der Systeme und Daten.
- 5,36% (exakt ein Drittel kommt aus der IT-Branche) weist die Qualifizierung der Mitarbeiter als Schwachstelle aus, da mehr qualifizierte IT-Spezialisten erforderlich seien. Ein weiterer

Grund sei die Personalfluktuation, welche zu unterschiedlichen Wissens- und Servicestandards führt. Als Wunsch wird geäußert, dass eine generell bessere Qualifizierung zum Thema ITSM sinnvoll wäre, um den uneinheitlichen Wissensstand in diesem Bereich aufzulösen.

- 4,46% (exakt zwei Fünftel aus der IT-Branche) sehen in ITSM einen zu hohen Aufwand für kleine Unternehmen. Das Tagesgeschäft ließe kaum Raum für die strategische Einführung von Service Management, denn die IT folge in erster Linie dem operativen Geschäft und klammere strategische Bereiche fast vollständig aus. Außerdem entstehe dadurch ein sehr hoher administrativer Aufwand.

- 4,46% wünschen sich eine höhere Nutzerakzeptanz, denn diese tendiere im Bereich ITSM gegen Null (zu viel Aufwand, zu hohe Kosten usw.). Der Stellenwert der IT müsse grundlegend verbessert werden, um mehr Verständnis bei den Mitarbeitern zu erreichen.

- Nur jeweils 2,68% sehen im Störungs- und Kapazitätsmanagement eine Schwachstelle.

131

Fehlende Prozesse oder Änderungswünsche

44,49% der KMU haben bei der Frage „Gibt es spezielle Prozesse die bei Ihnen fehlen oder bei denen Sie sich Änderungen wünschen?" eine individuelle Antwort hinterlassen:

- 22,66% (ca. die Hälfte kommt aus der IT-Branche) geben an, dass sie keine fehlenden Prozesse oder Änderungswünsche hätten.
- 19,01% (ca. ein Drittel kommt aus der IT-Branche) wünscht sich eine Änderung in dem Prozess Konfigurationsmanagement. Hier sei oftmals das Wissen unzureichend und die Diskrepanz zwischen Dokumentationen und Realität größtenteils sehr hoch, sodass definierte und automatisierte Prozesse in der Dokumentation fehlten. Das Nachhalten von Dokumentationen wird als sehr schwierig zu überwachen angesehen. Teilweise gebe es aber auch keine geeignete Software und Methodik, wie beispielsweise eine Dokumentenverwaltung. Zusätzlich fehlen genau definierte Standardprozesse zur Beschaffung und Einführung neuer Hardware und Software. Weiter genannt werden ein zentrales Software- und Versionsmanagement sowie Softwaretests. Problematisch sehen einige auch das Lizenzmanagement, welches nicht vollumfänglich vorhanden und dennoch mit viel Aufwand verbunden sei.
- 9,92% (ca. drei Fünftel kommt aus der IT-Branche) sagen, dass es einige Prozesse gebe, spezifizieren und erläutern diese aber nicht weiter.
- 8,26% (exakt zwei Fünftel kommt aus der IT-Branche) sehen im Prozess Change Management Nachholbedarf. Die Auswertung und Ableitung von Veränderungen aus erbrachten Supportleistungen sei ein wichtiger Punkt.
- 7,44% (exakt zwei Drittel kommt aus der IT-Branche) geben an, dass alle Prozesse fehlen oder die meisten nicht optimal umgesetzt seien.

- 7,44% (ca. ein Fünftel kommt aus der IT-Branche) sehen im Störungsmanagement einige Probleme, beispielsweise sei der Helpdesk oftmals schlecht gelöst, sodass die Ticket-Abarbeitung unklar ablaufe. Das Incident Management finde nur rudimentär statt und das Problem Management noch weniger bis gar nicht.

- 6,61% (exakt zwei Fünftel kommt aus der IT-Branche) bemerken, dass dem Aufwand entsprechend die gesamte Struktur auch auf kleine Unternehmen zugeschnitten, komprimiert und optimiert werden müsse. Für eine Betriebsgröße unter 200 Mitarbeiter werden ITSM-Produkte als unpraktisch angesehen. Außerdem fehlen Wertschöpfungsprozesse sowohl für die internen IT-Prozesse, als auch für die fachbereichsspezifischen IT-Prozesse. IT-Lösungen für Prozessanforderungen würden von außen an die IT herangetragen, welche dann nur für die Umsetzung und den Support zuständig sei.

- 4,96% (exakt zwei Drittel kommt aus der IT-Branche) erwähnten auch hier wieder das Kontinuitäts- und Risikomanagement. Es fehlen vor allem Notfallszenarien für Katastrophenfälle. Dieses Sorgenthema würde gerne "auf die lange Bank" geschoben.

- 4,96% (exakt ein Drittel kommt aus der IT-Branche) nennt das Sicherheitsmanagement an dieser Stelle. Themen wie externe Sicherheitsaudits, Datenschutz, Sicherheit und Berechtigungsvergabe beinhalten sehr viel Optimierungspotential.

- 3,31% haben Projektmanagement angegeben.

Allgemeines Feedback

Interessant ist auch die Auswertung der 49,26% an KMU, welche unter „Allgemeines Feedback?" einen Beitrag hinterlassen haben:

- 40,3% (ca. die Hälfte kommt aus der IT-Branche) wollen dieses Feld nicht ausfüllen und kritisieren, dass dieses Feedback ein Pflichtfeld ist.
- 24,63% (ca. die Hälfte kommt aus der IT-Branche) bedanken sich für die Umfrage und den damit verbundenen Hinweis auf dieses wichtige Thema. Die Teilnehmer verdeutlichen, wie spannend dieser Bereich ist und wünschen viel Erfolg bei der Auswertung, wobei einige dabei ihr Interesse an dem Ergebnis bekundeten. Von der Auswertung werden Anhaltspunkte erwartet, welche die Entwicklung der internen IT vorantreibt oder zumindest deren Mehrwert verdeutlicht. Andere sehen die Umfrage außerdem als gut gestaltet, verständlich aufgebaut und insgesamt gelungen an. Ihnen helfen die teilweise gut gestellten Fragen zur Erfassung der eigenen Mängel bzw. zur Klärung, was eigentlich zur Mindestanforderung eines ITSM gehört. Insgesamt wird die Meinung vertreten, dass ITSM noch immer unterschätzt wird, denn dessen Einführung bewirke, dass viele Prozesse und Systeme optimiert, standardisiert und somit verständlicher, gebräuchlicher und zweckmäßiger werden (steigender Mehrwert).
- 17,91% (ca. ein Drittel kommt aus der IT-Branche) sehen ITSM prinzipiell als sinnvoll an. Im Hinblick auf die erforderlichen Ressourcen gegenüber dem realisierbaren Mehrwert sei es allerdings viel zu komplex. Es ist für KMU ein schmaler Grat, den richtigen Weg zwischen Gewährleistung des Normalbetriebs und Umsetzung von ITSM zu finden. Oft wird die Notwendigkeit erkannt, die zeitlichen und personellen Ressourcen reichen aber nicht aus. Hohe Kosten stünden häufig in keinem Verhältnis zum Nutzen. ITSM sei daher nur für größere Betrie-

be sinnvoll anwendbar und für viele der teilnehmenden Unternehmen nicht passend. Andere merken an, dass die Umfrage zu wenig auf Kleinunternehmen (weniger als 10 Mitarbeiter) eingeht, wobei sich diese dennoch mit dem Thema befassen sollten. Außerdem würden die Fragen nicht unbedingt den Alltag eines Admins in einem Unternehmen mit weniger als 50 MA wiederspiegeln. Den Vorgesetzten sei es teilweise nicht klar, was es bedeutet, wenn ein größerer Kunde ein festes Serviceziel vereinbart. Das Management der IT Komponenten sei wichtig, aber leider bliebe hierzu nicht immer viel Zeit, da das operative Geschäft Vorrang habe. Einige merken auch an, dass die Umfrage unter dem Aspekt ausgefüllt wurde, dass nur ein Mitarbeiter in der IT arbeitet und neben administrativen Aufgaben auch Projekte anderer Abteilungen begleitet. Letztendlich beklagen mehrere Teilnehmer, dass es keine guten Vorgaben, Lösungen und Frameworks für Kleinunternehmen gebe. ITSM bei KMUs sei daher generell problematisch, weil eine Art "Lean"-ITSM fehle und die Kosten/Nutzen-Relation aus Sicht der Geschäftsleitung meist nicht stimme. Es wird ein Regelwerk gewünscht, welches einfacher als ISO/IEC 27000, einfacher als BSI sowie einfacher als ITIL ist und nur die für KMU wichtigen Aspekte enthält.

- 11,19% (ca. die Hälfte kommt aus der IT-Branche) haben Probleme mit den in der Umfrage gestellten Fragen. Es gibt Aussagen wie „Die Fragen sollten noch tiefer ins Detail gehen", „Die Antwortmöglichkeiten sind oft nicht differenziert genug möglich" oder „Die Auswahl der Fragen scheint teilweise etwas willkürlich gewählt, weitere Beschreibungen wären hilfreich gewesen", beispielsweise sollte die Frage zur Kapazitätsplanung die Möglichkeit „Ja, für einige Bereiche" bieten. Wenn beim SLM die Eingangsfrage „Ist zur Definition und Verwaltung von Services und Service Levels (messbare Größe einer Dienstleistung in Bezug auf deren Güte) ein bestimmter Prozess vorhanden?" mit „Nein" beantwortet wird, dann sollte die entsprechende Unterfrage „Wenn nein, wie werden Services und Service Levels definiert?" ausgelassen werden, da Service Levels nicht definiert würden. Ein Teilnehmer schlägt vor die Frage nach der Existenz von Organigrammen und Funktionsbeschreibungen aufzuteilen, da sein Unternehmen Organigramme für Abteilungen und Gruppen erstellt, aber keine zugehörigen Funktionsbeschreibungen definiert hat. Ein anderer bemerkt, dass er für die Beantwortung der Frage, „Wenn nein, wie wird mit kritischen Situationen (ein Fortgang des normalen Betriebes ist nicht mehr möglich) umgegangen?", Teile aus beiden auswählbaren Antwortalternativen benötige. Manche Fragen seien nicht ganz klar, da teilweise Fragen zu Bereichen kommen, bei denen man vorher angegeben habe, dass man sich nicht damit beschäftige. Teilweise führe die Umfrage wohl zu Zwangs-Antworten, die gewählt werden müssten, obwohl sie nicht der Realität entsprächen. Ein weiteres Unternehmen ist ein externer IT-Dienstleister, welches selbst keinen IT-Angestellten beschäftigt. Der Fragebogen erlaube die Angabe "0 Angestellte für IT" jedoch nicht. Es gibt auch deutlichere Verbesserungsvorschläge bzw. Alternativen, denn ein Teilnehmer hätte eine ausdrückliche Unterscheidung zwischen internen und externen Prozessen hilfreich gefunden.

- 2,99% erwähnen nochmals die Geschäftsführung als Problem. ITSM müsse nicht nur von der IT unterstützt werden, sondern auch von Führungskräften, da die EDV willig sei, jedoch die oberste Führung nur die hohen Kosten sehe. Ein Teilnehmer macht sogar den Vorschlag, dass die Fragen noch tiefer ins Detail gehen sollten. So könnten diese auch für Fragenstellungen innerhalb des Unternehmens verwendet werden, um einer gewissen Betriebsblindheit der Geschäftsführung entgegen zu steuern.

- 2,24% wünschen sich eine höhere Nutzerakzeptanz für diese Themen. So sehen einige Service Management als gut an, jedoch müsse ein Verständnis der normalen Nicht-IT Mitarbeiter geschaffen werden. Somit sollten auch die Anwender das ITSM unterstützen und nicht nur die IT selbst.

- 1,49% sprechen sich deutlich gegen eine ITSM-Einführung aus. Dies sind ausschließlich Unternehmen mit weniger als 10 Mitarbeitern und vertreten die Meinung, dass dieses Thema nicht unbedingt notwendig sei. In diesen Unternehmen sei der Mensch der Motor und IT-Systeme "nur" als Assistenzsystem anzusehen, wobei die Abhängigkeit allerdings in vielen Bereichen schon als zu groß angehen wird. Expertensysteme würden sich schnell zu Einbahnstraßen entwickeln, weil deren Designer ein (begrenztes) Vorstellungsvermögen hätten und die Abstraktionsebenen der Wirklichkeit oft nur schemenhaft abbilden würden. In Folge würde dann versucht, die Wirklichkeit dem Expertensystem anzupassen. Zwei prägnante Zitate lauten „Wir schaffen ständig mehr Komplexität, als wir tatsächlich verwalten können" und „Intelligenz ist noch nicht zwingend ein Indiz für Vernunft".

Zusammenfassung für die Freitextfelder

Insgesamt sind erfreulicherweise viele teils umfangreiche Antworten und Erläuterungen der Probleme und Wünsche vorhanden. So finden sich Schwachstellen vor allem in der Ermittlung des Mehrwertes von ITSM-Umsetzungen sowie mangelnde finanzielle, personelle und zeitliche Ressourcen, um sich ausreichend mit diesem komplexen Thema zu beschäftigen. Weitere Hürden stellen das Konfigurationsmanagement, vor allem im Hinblick auf die ordentliche Dokumentation von Systemen und Prozessen, das Management der Prozesse sowie das Risikomanagement dar. Aber auch Sicherheitsmanagement wird häufiger genannt, womit die 1. These der Analyse des Sicherheitsmanagement unterstrichen werden kann, dass IT-Sicherheit in KMU nur unzureichend umgesetzt ist. Abbildung 53 zeigt die drei häufigsten Antworten im prozentualen Verhältnis zu den unter „Andere" zusammengefassten übrigen Antworten.

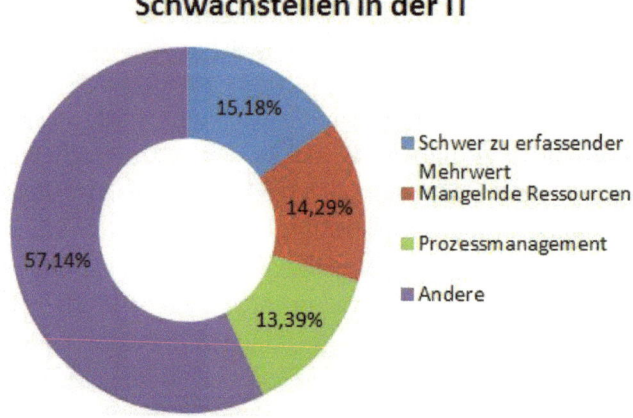

Abbildung 53: Freitextfelder zu Schwachstellen in der IT (KMU)[116]

Allerdings gibt ein großer Teil an, dass sie keine fehlenden Prozesse hätten bzw. sich momentan keine Änderungen wünschen. Diese Angaben könnten aber auch teilweise darauf beruhen, dass die Teilnehmer kein Interesse daran haben, weitere Probleme offen zu legen und zu erläutern. Viele bemängeln den hohen Aufwand, welcher mit der Einführung von ITSM-Prozessen verbunden ist und wünschen sich eine speziell auf KMU zugeschnittene und komprimierte Lösung. Folgende Abbildung 54 zeigt auch für diesen Bereich die drei häufigsten Antworten.

---

[116] Quelle: eigene Darstellung.

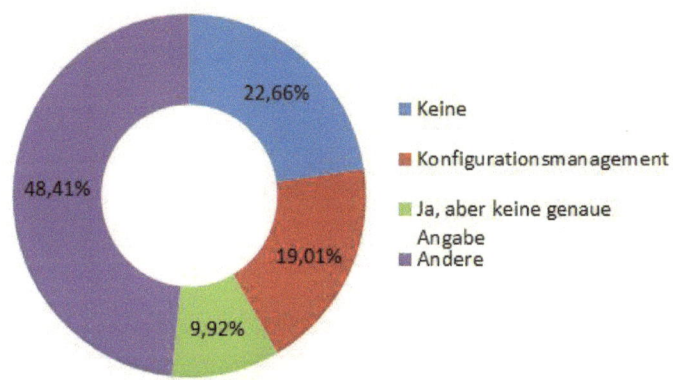

Abbildung 54: Freitextfelder zu fehlenden Prozessen (KMU)[117]

Im allgemeinen Feedback entsteht eine deutliche Aussage darüber, dass Freitextfelder in einer Umfrage keine Pflichtfelder sein dürfen, denn sie möchten an dieser Stelle nicht zwingend etwas angeben. Ein Viertel bedankt sich für die gute Umfrage und die daraus resultierenden Hinweise auf Missstände in der internen IT. Auch hier wird sehr oft wieder der schwer zu erfassende Mehrwert aufgrund der hohen Komplexität und der starken Belastung der eigenen Ressourcen genannt. Es wird oft erwähnt, dass es leider keine guten Vorgaben und Lösungen für KMU gibt. Dieses Ergebnis stützt These Nr. 3 zu den Frameworks, dass der Hauptgrund für das Fehlen von ITSM die zu hohe Komplexität der Standards ist. Weiterhin hat ein Zehntel Probleme mit den gestellten Fragen und stuft die ausgearbeitete Umfrage als noch nicht optimal ein. Dieser Fakt unterstützt These Nr. 3 aus dem Verfügbarkeitsmanagement, dass die Auswahl der Fragen und Antwortmöglichkeiten das Ergebnis ungewollt positiv oder negativ beeinflussen kann. Abbildung

---

[117] Quelle: eigene Darstellung.

55 zeigt auch für das allgemeine Feedback die drei am häufigsten genannten Antworten.

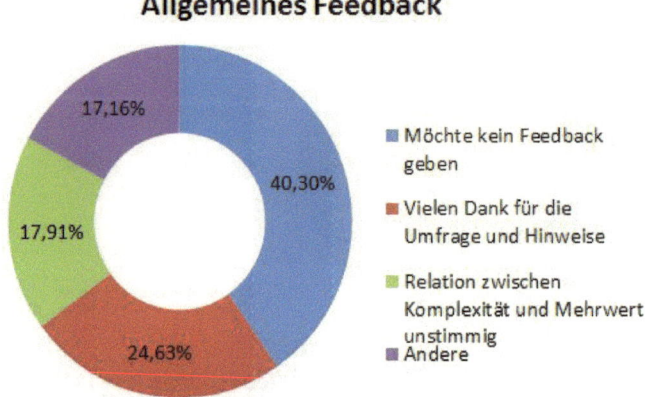

Abbildung 55: Freitextfelder zum allgemeinen Feedback (KMU)[118]

Schlussfolgerung

Aus diesen Ergebnissen wird deutlich, dass die Teilnehmer viele unterschiedliche Probleme in verschiedenen Prozessen haben, welche von den Unternehmen individuell angegangen werden müssen. Über alle Angaben hinweg stellt sich aber am deutlichsten, neben der hohen Komplexität und dem damit verbunden Aufwand, das undurchsichtige Kosten/Nutzen-Verhältnis als abschreckend heraus. Somit wäre die Erstellung von auf KMU zugeschnittene ITSM-Modelle bzw. Frameworks die vermeintlich zielführendste Methode, um den Verantwortlichen in diesen Unternehmen die Angst oder den Zweifel zu nehmen. Es sei wichtig, dass Referenzmodelle entstehen, welche Aufschluss über die benötigen Ressourcen und den zu erwartenden Mehrwert geben. Auf diese Problematik und die Entwicklung von brauchbaren Lösungs-

---

[118] Quelle: eigene Darstellung.

ansätzen zielt die Studie "IT-Servicemanagement in KMU" seit seiner Entstehung Ende 2012 ab. In dem weiteren Kapitel „Leitfaden für KMU" wird näher darauf eingegangen.

Ein weiterer wichtiger Punkt ist die Überarbeitung der Umfrage, sofern diese weiterhin zugänglich sein soll. Es ist die erste groß angelegte Umfrage im Bereich ITSM für die Fachhochschule Dortmund, sowie auch für das Projektteam, welches in dieser Konstellation vorher noch nicht zusammengearbeitet hat. Daher ist selbstverständlich nicht alles problemlos verlaufen. Dass die ausgewählten Fragen nicht immer als optimal empfunden werden, zeigen die entsprechenden Kommentare und Beiträge. Bei einer Überarbeitung muss aber beachtet werden, dass die Vergleichbarkeit der zukünftigen mit den bisherigen Ergebnissen erschwert wird oder unter Umständen nicht mehr möglich ist. Hier gilt es einen Mittelweg zu finden, welcher für den weiteren Studienverlauf am sinnvollsten erscheint.

Leitfaden für KMU

Die Ergebnisse der Umfrage haben klar gezeigt, dass auch in den meisten KMU die zentralen IT-Servicemanagement Prozesse bereits in Teilen oder sogar vollständig vorhanden sind und häufig auch schon gelebt werden. Die ermittelten Reifegrade verdeutlichen, dass die Prozesse in vielen KMU dokumentiert und wiederholbar sowie auch aufeinander abgestimmt sind. Außerdem sind Rollen und Verantwortlichkeiten in vielen Fällen klar geregelt.

Jedoch existieren häufig noch keine Qualitätskriterien, und Prozessziele sind ebenfalls nicht definiert und werden nicht gemessen. Somit sind die Stärken und Schwächen der Prozesse nicht transparent. Außerdem werden die Prozesse nicht kontinuierlich entsprechend ihrer Messwerte an die vereinbarten Ziele angepasst und diese wiederum werden nicht fortlaufend an den Unternehmenszielen ausgerichtet. Insgesamt also ein Zustand, der als etabliert bzw. nach CMMI „managed" und möglicherweise auch standardisiert bzw. nach CMMI „defined" zu bezeichnen ist, aber sicherlich noch nicht als optimiert und exzellent bzw. wiederum nach CMMI als „quantitatively managed" oder gar „optimized"[119].

Abbildung 56 zeigt die Ergebnisse der vier am schlechtesten und der vier am besten bewerteten Prozesse bei KMU. Dabei sind die Prozesse Release Management, Service Level Management, Kapazitätsmanagement und Sicherheitsmanagement durchschnittlich zwischen dem oberen Reifegrad 1 (organisiert) bis unteren Reifegrad 2 (etabliert) angesiedelt. Dieses Ergebnis entspricht bei weitem nicht den im ITIL-Standard definierten Prozesseigenschaften.

Dahingegen haben die Prozesse IT-Störungsmanagement, Konfigurationsmanagement, Operationales Management und Verfügbarkeitsma-

---

[119] Maturity Levels in Anlehnung an die CMMI Institute (2013)

nagement durchschnittlich den oberen 2. Reifegrad (standardisiert) bzw. den unteren 3. Reifegrad (gereift) erreicht. Diese Prozesse sind somit auch in den KMU relativ gut umgesetzt und entsprechen weitestgehend einem ITSM-Standard bzw. sind in der qualitativen Umsetzung mit diesen vergleichbar.

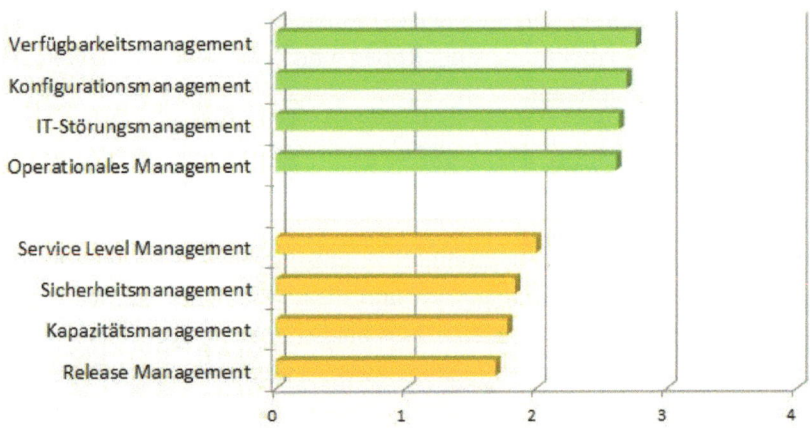

Abbildung 56: Übersicht der höchsten und niedrigsten Prozessreifegrade der KMU)[120]

Die Umfrage auf Basis des selbstentwickelten Reifegradmodells basiert zwar auf den Kernprozessen von ITIL Version 2, stellt allerdings keine Mindestanforderung dar, wie z.B. der Standard ISO/IEC 20000. In ihr werden die Hauptaspekte der zehn Prozesse erfragt, welche für das Projektteam die Kernprozesse darstellen und gleichzeitig eine Aussagekraft haben, ob im Unternehmen ein Bewusstsein für ITSM vorhanden ist und wie die vorhandenen Prozesse umgesetzt sind. Alle Teilaspekte dieser Prozesse werden an dieser Stelle nicht untersucht. So ist sind

---

[120] Quelle: eigene Darstellung.

auch Personen, die nicht jeden Prozess im Detail kennen, in der Lage an der Umfrage teilzunehmen.

Es ist natürlich möglich und in der Folge auch sehr sinnvoll und empfehlenswert wesentlich tiefer in die einzelnen Prozesse einzusteigen. Dann lassen sich die Unternehmen auch noch wesentlich differenzierter den Reifegradstufen zuordnen. Diese Umfrage soll ja nur den Einstiegspunkt bzw. den Anstoß darstellen und eine erste und dabei auch noch recht grobe Einschätzung des ITSM-Reifegrades ermöglichen.

Ein IT-Servicemanagement Leitfaden für KMU, der diese dann bei den auf die initiale Reifegradmessung folgenden Schritten unterstützen soll, hat demzufolge nicht so sehr die Einführung von IT-Servicemanagement Prozessen auf der „Grünen Wiese" als vielmehr die Analyse und Optimierung bestehender aber möglicherweise noch nicht oder nur in Ansätzen standardisierter und optimierter Prozesse zum Ziel. Außerdem umfasst er die Entscheidung über und die Einführung weiterer, heute noch nicht implementierter Prozesse.

Allerdings beinhaltet der Leitfaden auch Hilfestellungen bzw. spezielle Hinweise für Unternehmen, die heute noch keinerlei IT-Servicemanagement nutzen. Dabei umfasst der Leitfaden ebenfalls die Einführung von bzw. Überführung bestehender IT-Angebote zu IT-Services. Während in der Vergangenheit die IT häufig technikorientiert war, werden ihre Angebote nun den Kunden und Anwendern service-orientiert präsentiert.

Einführung und Optimierung von ITSM-Prozessen

In gewisser Weise bietet die IT Infrastructure Library als De-Facto-Standard bereits ein allgemeingültiges Erfolgsrezept zur Einführung eines ITSM. „Jedoch liest und erfährt man in der Beratungspraxis häufig über das (teilweise) Scheitern von ITSM-Projekten und die am Ende einer ITSM-Einführung nicht konsequent gelebten Prozesse und Strukturen sowie nicht nachhaltig genutzten Werkzeuge und Methoden. Von einer Patentlösung kann somit leider kaum die Rede sein."[121]

Die Umsetzung ist immer davon abhängig, welche strategische Ausrichtung der Unternehmensziele eine IT-Organisation unterstützen soll. Problematisch sind in diesem Zusammenhang auch die zu hohen Erwartungen an die Leistungsfähigkeit von ITIL. Es wird ein komplettes Set an Informationen, Prozess- und Rollenbeschreibungen erwartet, welches eins zu eins implementierbar ist.[122] Dieser Trugschluss führt zu einer Unterschätzung des Aufwandes, den eine ITIL-Einführung mit der notwendigen individuellen Anpassung mit sich bringt.

Die Analyse des Umfragefeedbacks hat ergeben, dass in vielen mittelständischen Unternehmen Strukturen vorhanden sind, welche die geforderten IT-Leistungen erbringen, ohne sich an einem vollständigen und durchgängigen Prozessmanagement zu orientieren. Vielen Unternehmen ist ITIL als Regelwerk zu komplex und undurchsichtig, sodass häufig die Meinung besteht, dass sich dieses Framework für das eigene Unternehmen nicht eigne. Letztendlich ist dies allerdings ein Missverständnis, denn ITIL ist eine allgemein gültige Best-Practice Sammlung, aus der beliebig ausgewählt werden kann und welche sich auf die spezifischen Unternehmensbedingungen und individuellen Anforderungen jedes Unternehmens anpassen lässt.

Einen Mehrwert bietet ITIL durch die Bereitstellung eines erprobten Orientierungsrahmens, auf dessen Basis entsprechende Bereiche, Systeme und Prozesse strukturiert werden können.[123] Dieser beschreibt was zu tun ist, und nicht wie es zu tun ist, denn es können nie alle Eventualitäten der realen Geschäftsbedingungen abgebildet werden. „Ein Pro-

---

[121] itSMF (2013), S. 3.
[122] Vgl. Kittel (2011), S. 60.
[123] Vgl. itSMF (2013), S. 3.

zess muss deshalb immer auf das ihn nutzende Unternehmen angepasst werden und kann nicht komplett vorgegeben werden."[124]

Es ist daher unerlässlich zu verstehen, was ITIL eigentlich will. ITIL ist ein Rahmenwerk, welches aufzeigt was getan werden muss, und keine Methodik, welche genau vorschreibt, wie dieses zu tun ist. Dieser Umstand ist völlig unabhängig davon, ob es sich um eine kleine, mittlere oder große Organisation handelt. Bei kleineren Organisationen lastet die Verantwortung zwar auf weniger Schultern, aber letztendlich muss sich jeder auf den anderen verlassen können, dass dieser seine Arbeit entsprechend korrekt ausführt. Nur so kann das Business zielführend durch ein IT-Servicemanagement unterstützt werden. Im Hinblick auf die hohe Komplexität und den schlecht zu erfassenden Mehrwert einer ITIL-Einführung, ist es eine große Herausforderung eine passende Implementierungsmethode zu finden. Jedes Unternehmen hat eine andere Infrastruktur und nutzt andere Systeme. Die unterschiedlichen Ausgangssituationen auch bezogen auf die oben angesprochenen unterschiedlichen Unternehmensstrategien führen zu verschiedenen Vorgehensweisen mit jeweils andersartigen Ausprägungen. Die Mehrheit der Unternehmen hat heute aber bereits ITSM-Prozesse in irgendeiner Art und Weise umgesetzt und somit bereits eine ausbaufähige Basis geschaffen.

Hier gilt es die Ansätze und deren Reifegrad zu ermitteln, wie es unsere Umfrage mit Reifegradmessung ermöglicht, um den Implementierungszustand bewerten zu können sowie entsprechend die notwendigen Anpassungen zu definieren. Besonders im Mittelstand ist es wichtig die möglichen Ansätze daraufhin zu bewerten, inwieweit sie sich vor dem Hintergrund gesetzter Rahmenbedingungen und der bestehenden Ausgangssituation eignen. Es sollten Methoden gewählt werden, die die

---

[124] Kittel (2011), S. 57.

Komplexität der Einführung reduzieren und die Belastung des Regelbetriebes möglichst gering halten.

Das im Folgenden dargestellte Vorgehensmodell (Abbildung 57) orientiert sich am Buch "ITIL Lite" von Malcom Fry.[125] In diesem zeigt der Autor einen pragmatischen Ansatz, wie ein Unternehmen oder eine Organisation jeglicher Größe ein Service Management erfolgreich umsetzen kann. Während Fry allerdings zehn Schritte zur Einführung von

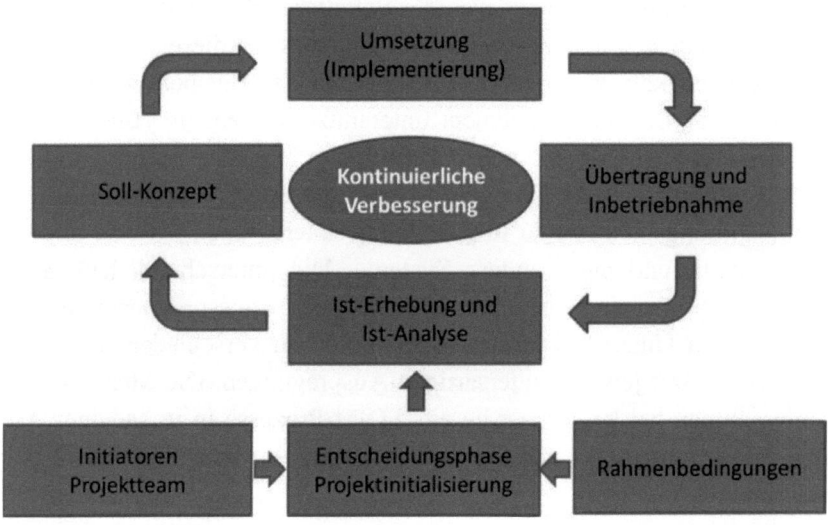

Abbildung 57: Einführung, Betrieb und Optimierung der ITSM-Prozesse

ITIL Lite definiert, umfasst unser Ansatz die folgenden fünf Phasen: Am Anfang der Projektinitialisierung stehen Initiatoren, die z.B. aufgrund unserer Umfrage und Reifegradanalyse zu dem Schluss gekommen sind, dass ihre IT-Servicemanagement Prozesse noch Verbesserungspotential bieten. Dieses begründet sich nicht zuletzt auch darin,

---

[125] Vgl. Fry (2012)

weil bestimmte Prozesse oder auch das IT-Servicemanagement generell heute noch nicht existent sind und eingeführt werden sollten. Allerdings ist damit die Entscheidung für eine Verbesserung der IT-Servicemanagement Situation im Unternehmen noch nicht gefallen.

Insbesondere dann, wenn alleine die Reifegradanalyse den Ausschlag gegeben hat, da sie, wie ja bereits dargestellt wurde, recht allgemein gefasst ist und nicht auf unternehmensspezifische Details eingehen kann. Vorher muss also auf jeden Fall noch eine umfassende Analyse der speziellen Rahmenbedingungen des Unternehmens durchgeführt werden, denn die Innen- und Außenwelt des Unternehmens kann die Entscheidung sowohl unterstützen als auch ihr zuwider arbeiten.

Die Initiatoren können aus verschiedenen Positionen im Unternehmen kommen und haben damit möglicherweise auch sehr unterschiedliche Sichtweisen auf die Problematik. Die Unternehmens- oder IT-Leitung ist z.B. eher auf strategische Ziele und langfristige Veränderungen des Unternehmens bzw. der IT ausgerichtet, während das IT-Fachpersonal oder die Anwenderinnen und Anwender den Fokus eher auf operative und kurzfristige Aspekte legen. Daneben gilt es das Selbstverständnis der IT-Organisation zu bedenken. Das Projektteam, welches das weitere Vorgehen umsetzt und steuert, sollte beide Ausrichtungen beinhalten und auf diese Weise die gesamte Spannbreite der Entscheidung übersehen können. Dieses Team ist verantwortlich bis das IT-Servicemanagement vollständig „in den Betrieb" übergeht.

Seine Aufgabe besteht dabei zuerst in der Durchführung der Analyse der Rahmenbedingungen (Vorstudie), welche eine Grobanalyse und Machbarkeitsstudie umfasst. Dabei findet eine erste Abschätzung der Chancen, Risiken, des Aufwands und des Ertrags des Projekts statt. In diesem Rahmen wird möglicherweise auch schon festgelegt, welche weiteren ITSM-Prozesse noch zusätzlich eingeführt werden sollen bzw. auf welche Prozesse auch weiterhin verzichtet werden soll.

Ist die Entscheidung dann zugunsten des Projekts ausgefallen, der Projektauftrag erteilt, so findet in der nächsten Phase neben der allgemeinen Vorbereitung des Projekts die Ist-Erhebung statt. In dieser wird die aktuelle IT-Servicemanagement Situation im Unternehmen im Detail ermittelt. Dieses ist die Ausgangssituation oder Baseline des Projekts. Dabei werden sowohl die zugrundeliegenden Strukturen und Prozesse als auch die Rollen und Verantwortlichkeiten im IT-Servicemanagement aufgenommen und modelliert.

Es folgt eine Prüfung der im Unternehmen gelebten Prozesse gegen das ITIL Prozessmodell. Dabei werden Stärken und Schwächen analysiert, vorhandene Gaps herausgestellt und eine Prozessbewertung in Form einer Reifegradmessung durchgeführt. Dieses ist vergleichbar mit einem ITIL-Assessment. Das Ergebnis dieser Phase sind Verbesserungsvorschläge bzw. Anforderungen, die sich insbesondere auf die Durchführung, das Management und die Kontrolle der Prozesse beziehen. Dabei dürfen aber die Umwelt- und Rahmenbedingungen und Unternehmensvorgaben nicht außer Acht gelassen werden.

Im Soll-Konzept werden dann zuerst die Ziele definiert. Anschließend wird festgelegt, welche Prozesse zusätzlich neu eingeführt werden sollen bzw. zu welchem Prozessreifegrad bereits vorhandene Prozesse geführt werden sollen. Für die neuen Prozesse müssen das Prozessdesign sowie auch die zugehörigen Strukturen, Stellen und Verantwortlichkeiten spezifiziert und entwickelt werden. Auch die Schnittstellen zwischen den Prozessen gilt es zu beachten. Daneben werden Kennzahlen definiert, um später die Qualität der Prozesse messen und kontrollieren zu können. Außerdem werden eine Priorität und damit auch eine Reihenfolge der Bearbeitung dieser Prozesse festgelegt. Generell gibt es drei unterschiedliche Ansätze der prozessorientierten Vorgehensweise, den single process approach, den multi process approach und den all process approach, die im Folgenden kurz erläutert werden.[126]

Single Process Approach

Ein einzelner Prozess wird entwickelt, eingeführt und verbessert. Diese sequentielle Herangehensweise kann sehr viel Zeit beanspruchen, führt jedoch zu stabil laufenden Prozessen mit einer nachhaltigen Wirkung auf die komplette Organisation. Ein weiterer Nachteil ist die Notwendigkeit temporärer Schnittstellen zu anderen Prozessen, welche noch nicht nach ITIL ausgerichtet sind und es erst in Zukunft werden oder aber eine solche Optimierung nicht vorsehen.

Multi Process Approach

Mehrere einzelne Prozesse werden zusammengefasst und gleichzeitig eingeführt. Wichtig ist hierbei, verbundene Prozesse zu ermitteln und diese zu bündeln, beispielsweise Incident-, Problem- und Change Management. Zusätzlich kann eine Auswahl nach Notwendigkeit oder Wichtigkeit für das Unternehmen getroffen werden. Diese Variante führt letztendlich zu der wahrscheinlich größten Nachhaltigkeit, gestaltet sich in der Einführung aber komplexer und belastet das Unternehmen in einem viel höheren Maße.

All Process Approach

Bei diesem Ansatz werden sämtliche ITIL Prozesse nahezu gleichzeitig eingeführt (eine Big-Bang Methode). Diese Methode erfordert eine maximale Belastung des Unternehmens, welche den Fortgang eines normalen Geschäftsbetriebes in der Regel nicht mehr ermöglicht. Daher handelt es sich hierbei um eine Form, die in den meisten Fällen als nicht realistisch bzw. nicht optimal angesehen werden kann. Sollte diese Variante gewählt werden, dann muss diese sehr gut koordiniert wer-

---

[126] Vgl. Rudd (2010), S. 240ff.; vgl. ähnlich auch Kittel (2011), S. 68ff.

den, benötigt also sehr viel Vorbereitungsaufwand. Die Prozessverantwortlichen müssen sich regelmäßig absprechen, um den Erfolg der Implementierung zu gewährleisten.

Die ebenen genannten Methoden werden darüber hinaus noch nach ihrer Ausprägungsform unterschieden:

- Einführung der Prozesse pro Kunde

- Einführung der Prozesse pro Branche

- Einführung der Prozesse pro Abteilung

- Einführung der Prozesse pro Service

- Einführung der Prozesse pro Vertrag

Für das jeweilige Unternehmen muss die ideale Kombination aus sinnvoller Methode und passender Ausprägung gewählt werden, um den Erfolg der Einführung sicher zu stellen. Dabei ist zu beachten, dass die Entscheidungen auch klar abhängig sind vom finanziellen und personellen Aufwand, der für diese Arbeiten notwendig ist.

In der vierten Phase erfolgt die Umsetzung des Soll-Konzepts entsprechend der vorher definierten Rahmenbedingungen. Diese Phase ist meistens nicht zu trennen von der folgenden, in der die Übertragung und Inbetriebnahme der neuen oder geänderten Prozesse, Strukturen, Rollen und Verantwortlichkeiten stattfindet. Letztere benötigen allerdings eine gewisse Vorlaufzeit, damit die Mitarbeiterinnen und Mitarbeiter auf ihre neuen Aufgaben vorbereitet werden.

Eine Implementierung in den unterstützenden IT-Systemen, die gegebenenfalls auch erst neu ausgewählt und implementiert bzw. eingeführt werden müssen, und den verschiedenen Dokumentationen und Richtlinien des Unternehmens sollte ebenfalls vor der Überführung in den Betrieb durchgeführt werden. Schließlich sollten auch Schulungen der Mitarbeiterinnen und Mitarbeiter in den neuen oder geänderten Prozessen und an den neuen oder geänderten IT-Systemen vor der eigentlichen Inbetriebnahme durchgeführt werden. In den ersten Wochen des Betriebs gilt es dann diesen recht engmaschig zu überwachen und wichtige Änderungen und Korrekturen kurzfristig umzusetzen, bevor im Anschluss der Regelbetrieb startet.

Damit sind nun die fünf Phasen des Vorgehensmodells der Prozesseinführung und Prozessänderung erfolgreich durchlaufen. Es ist aber noch kein optimaler Zustand erreicht, sondern nun startet ein Zyklus der ständigen Verbesserung entsprechend dem PDCA[127] Verbesserungszyklus nach Deming. Dabei findet eine regelmäßige Überprüfung aller Prozesse, Strukturen, Rollen und Verantwortlichkeiten statt. Dieses ist insbesondere auch deswegen notwendig, da sich die Umwelt- und Rahmenbedingungen aber auch die Unternehmensstrategie jederzeit wieder ändern können und somit neue oder geänderte Anforderungen entstehen. In Abbildung 57 wird dieses durch die in der Mitte des Qualitätszyklus dargestellte Ellipse mit der Beschriftung „Kontinuierliche Verbesserung" symbolisiert. Allerdings kann es auch sein, dass der mit Phase 5 erreichte Zustand nun für längere Zeit ausreicht und keine Veränderungen notwendig sind.

Ergibt die Überprüfung eine klare Verbesserung, so kann es Sinn machen, die Umfrage und Reifegradmessung erneut durchzuführen, um sich auch auf diese Weise des Fortschritts versichert zu sein. Der Vergleich mehrerer Befragungsergebnisse ist mittlerweile unter www.itsm-wissen.de möglich.

Einführung und Optimierung von IT-Services

Die Grundlage dieses zweiten Teils des Leitfadens zur Einführung und Optimierung der IT-Services bildet das in Abbildung 58 dargestellte Vorgehensmodell. Dieses unterscheidet sich nur in den Zyklusphasen von dem im vorherigen Abschnitt für ITSM-Prozesse genutzten Ansatz.

---

[127] PDCA – Plan Do Check Act vgl. Bon (2008)

Es startet ebenfalls mit einem projektorientierten Ansatz, zur Initiierung, d.h. einer Vorstudie mit Klärung der Rahmenbedingungen und der Machbarkeit des Umsetzungsprojekts. Am Ende dieser Phase steht die Entscheidung für die Einführung oder die Optimierung des bzw. der IT-Services. Nun folgt wiederum ein qualitätsorientierter Lebenszyklus

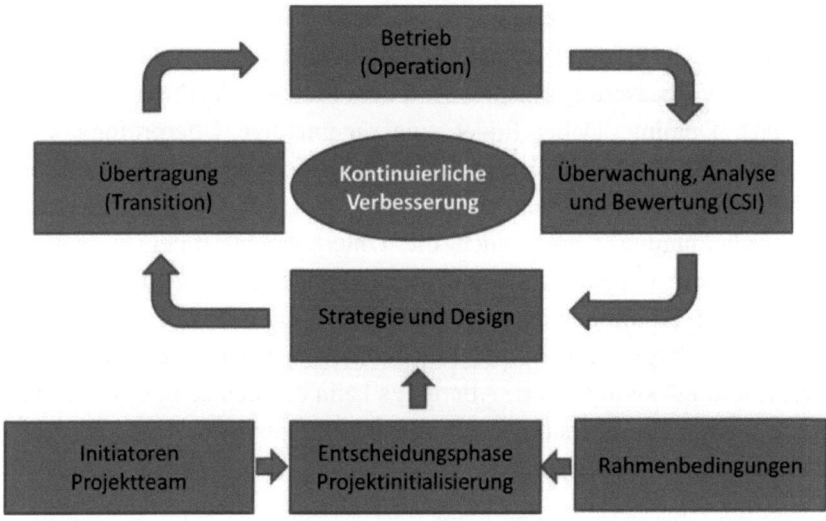

Abbildung 58: Einführung, Betrieb und Optimierung der IT-Services

vergleichbar mit dem PDCA Verbesserungszyklus nach Deming, der sicherstellt, dass die Umsetzung dieses Projekts aber auch der darauf folgende Betrieb der IT Services optimal gewährleistet wird. Die Phasen dieses Zyklus sind an die Phasen des ITIL Version 3 Lebenszyklus angelehnt. Die einzelnen Schritte des Vorgehensmodells werden im Folgenden im Detail erläutert.

Am Anfang stehen ebenfalls Initiatoren, die das Projekt zur Einführung oder Optimierung der IT-Services anstoßen. Unsere Reifegradanalyse kann den Ausschlag dafür gegeben haben, allerdings sollte auch dann noch eine umfassende Analyse der speziellen Rahmenbedingungen des Unternehmens durchgeführt werden, denn die Innen- und Außenwelt des Unternehmens kann die Entscheidung sowohl unterstützen als auch ihr zuwider arbeiten.

Das Projektteam, welches das weitere Vorgehen umsetzt und steuert, sollte sowohl die strategische als auch die operative Sicht auf die IT-Services vereinen und auf diese Weise die gesamte Spannbreite der Entscheidung übersehen können. Dieses Team ist verantwortlich bis der IT-Service vollständig „in den Betrieb" übergeht. Allerdings kann erst nach Abwägung der Risiken und Machbarkeit des Projekts eine Entscheidung getroffen werden. Ist die Entscheidung dann zugunsten des Projekts ausgefallen, der Projektauftrag erteilt, so liegen die Aufgaben des Projektteams in der Entwicklung einer übergreifenden Service Strategie und der Durchführung eines qualitätsgestützten Service Designs.

Was bedeutet diese Strategie? Mit ihr legt das Unternehmen längerfristig fest, welche Services sie wem und zu welchen Konditionen zur Verfügung stellen wollen. Die Entscheidungsgrundlagen bilden dabei neben unternehmensinternen Faktoren insbesondere die Kundenanforderungen und -bedürfnisse, die es zu erfassen gilt. Weiterhin gehört auch die Entscheidung über neu einzuführende Services oder Services die abgekündigt werden sollen mit dazu. Mittels eines Service Portfolio kann die Service Landschaft umfassend dargestellt werden.

In dieser Phase des Vorgehensmodells gilt es also zuerst einmal zu klären, ob überhaupt eine Service Strategie vorhanden ist. Im nächsten Schritt sind die Kundenanforderungen zu erfassen und entweder mit der bestehenden Strategie und dem vorhandenen Service Portfolio abzugleichen oder auf dieser Basis eine Service Strategie zu entwickeln. Außerdem wird überprüft inwieweit für die Services die Themen Budgetplanung, Buchhaltung und Leistungsverrechnung umgesetzt sind und diese gegebenenfalls initiiert bzw. vervollständigt. Schließlich wird der Fokus auf die Verwaltung und Pflege der Kundenbeziehung gelegt. Eines der Kernziele von IT-Servicemanagement ist hohe Kundenzufriedenheit, so dass diese Themen ebenfalls optimiert oder falls bisher nicht vorhanden etabliert werden müssen.

Um die Behandlung all dieser Themen zu verstetigen, d.h. regelmäßig die Strategie zu überdenken, das Service Portfolio weiterzuentwickeln, die Finanzen zu prüfen und die Kundenbeziehung zu pflegen, gibt es dedizierte ITSM-Prozesse. Mit der Einführung oder Optimierung dieser Prozesse hat sich der erste Teil des Leitfadens befasst.

Das Design kümmert sich, basierend auf den generellen Entscheidungen der Strategie um die konkrete Ausgestaltung der einzelnen Services, die dann im Service Katalog detailliert beschrieben werden. Für jeden Service werden dort die angebotenen Service Levels sowie die Kapazität, die Verfügbarkeit, die Kontinuität (Notfall- und Wiederherstellungsplanung) und die Sicherheit mit ihren jeweiligen Vorgaben umfassend dargestellt. Gibt es Zulieferer für die Services, so müssen diese und die mit ihnen abgeschlossenen Service Level Agreements ebenfalls mit bedacht werden.

Bei bereits vorhandenen Services gilt es das Design und die Beschreibung im Service Katalog zu überprüfen und gegebenenfalls der Realität oder einer geänderten Service Strategie anzupassen. Die Zulieferer sollten ebenfalls bei der Untersuchung mit eingeschlossen werden, denn die Vereinbarungen mit ihnen haben großen Einfluss auf die möglichen Ausprägungen der eigenen Services bzw. ihrer Service Levels.

In der zweiten Phase des Zyklus geht es um die Übertragung der neu entwickelten oder geänderten Services in den Betrieb. Dabei steht die Qualitätssicherung dieses Vorgangs eindeutig im Vordergrund. Qualität bedeutet hier, dass im Vorfeld alle Risiken dieser Übertragungen bedacht worden sind und alle möglichen Tests vor der Inbetriebnahme durchgeführt wurden. Außerdem muss alles vollständig dokumentiert sein und möglichst auch eine Rückfall-Lösung bieten. Unterstützt wird dieses durch eine umfassende Wissensdatenbank, die insbesondere Erfahrungen früherer derartiger Vorgänge als wichtige Kompetenz-Quelle zur Verfügung stellt. Im negativsten Fall kann die Übertragung nicht erfolgreich durchgeführt werden und das Design eines Services muss noch einmal überdacht werden.

Im Betrieb selbst ist das vorrangige Ziel, diesen möglichst störungsfrei zu betreiben bzw. wenn doch eine Störung auftritt, diese so schnell als möglich zu beheben. Um dieses zu gewährleisten bedarf es klarer Prozesse und Verantwortlichkeiten für die Bearbeitung aller Anfragen und Störungen. Der Betrieb beinhaltet dabei folgende zu bewältigende Spannungsfelder[128]:

- Interne IT-Sicht versus externe Unternehmenssicht
- Stabilität versus Flexibilität
- Qualität versus Kosten
- Reaktiv versus Proaktiv

Die vierte und letzte Phase des Lebenszyklus ist mit „Überwachung, Analyse und Bewertung (CSI)" tituliert. An dieser Stelle schließt sich der Qualitätszyklus und es startet die kontinuierliche Verbesserung. Ziel dieser Phase ist es, Möglichkeiten aufzudecken, wie sich Effektivität und Effizienz der Services steigern lassen. Die Überwachung respektive die Messung der Servicekennzahlen sowie die Analyse und Bewertung der Messergebnisse hat gezielte Maßnahmen zur Serviceverbesserung zum Ziel. Diese Maßnahmen münden wieder in einen erneuten Start des Vorgehensmodells und haben Auswirkungen auf Strategie, Design, Übertragung und Betrieb der Services.

Dieses recht einfache aber umfassende Vorgehensmodell bietet einen verständlichen und gut umsetzbaren Leitfaden zur Einführung und Optimierung der IT-Services.

Literaturhinweise

Zur Untermauerung des Leitfadens haben wir im Folgenden noch eine kleine Liste hilfreicher Literatur sowie nützlicher Verweise zum Thema „ITSM in KMU" zusammengestellt. Diese Quellen sind unterschied-

---

[128] Vgl. Beims (2012)

lichster Herkunft, weisen aber in der Essenz in dieselbe Richtung wie die obigen Ausführungen.

FitSM – Standards for lightweight IT-Servicemanagement; http://www.fedsm.eu/fitsm, 2014.

Das 7. Forschungsrahmenprogramm der Europäischen Kommission hat das "FitSM – Standards for lightweight IT-Servicemanagement" im Rahmen des FedSM-Projekts mit finanziellen Mitteln unterstützt. FitSM ist eine kostenlose Normensammlung zur erleichterten ITSM-Einführung einschließlich einiger Verbundszenarien. Das Hauptziel ist die Bereitstellung eines pragmatischen und leicht erreichbaren Standards, welcher ein effektives ITSM ermöglicht. Zu diesem Zweck werden Schulungen und Zertifizierungen angeboten, welche die Teilnehmer in den notwendigen beruflichen Fähigkeiten ausbilden bzw. weiterbilden, um das Leichtbau-ITSM effektiv zu etablieren und zu verwalten. Die FitSM-Ausbildung wird vom TÜV SÜD, einem weltweit führenden Unternehmen im Bereich der Normung und Zertifizierung, durchgeführt. Das Qualifizierungsprogramm bietet drei Ausbildungsstufen: Foundation, Advanced und Expert. Darüber hinaus ist FitSM auch mit den internationalen Standards ISO 20000 und ITIL kompatibel. Vor allem letzteres ist ein wichtiger Punkt im Hinblick auf die praktische und zukunftssichere Anwendbarkeit. Da die Autoren keine weiteren Informationen und insbesondere keine Erfahrungswerte mit FitSM haben, kann an dieser Stelle keine weitergehende Darstellung oder auch Analyse des Ansatzes erfolgen.

Fry, Malcolm: How to Implement a Lite Version of ITIL® v3; http://www.hthts.com/teleseminars/malcolmfry.pdf, 2012;

Malcom Fry ist ein anerkannter Experte im Bereich ITSM und zeigt in seinem Buch "ITIL Lite" einen pragmatischen Ansatz, wie ein Unternehmen oder eine Organisation jeglicher Größe ein Service Management erfolgreich umsetzen kann. Eine solche Unterstützung wünschen sich vor allem kleine und mittlere Unternehmen, um die Komplexität von ITIL auf ein handhabbares Maß zu reduzieren, wie die Ergebnisse der Umfrage auch eindeutig belegen. Somit unterstützt das Buch von Malcolm Fry die von den Autoren aufgestellte These, dass ITIL für KMU zu komplex und aufwändig umzusetzen ist.

In diesem Buch wird allerdings nicht klar herausgestellt, welche der zahlreichen Prozesse und Funktionen aus ITIL V3 für KMU zwingend notwendig sind und welche nicht. Es stellt also keine Festlegung einer Mindestanforderung dar, sondern zeigt eher eine Herangehensweise wie dieser Aspekt von dem jeweiligen Unternehmen selbst geklärt werden kann. Zusammenfassend kann der Inhalt des Buches als ein Leitfaden zur Implementierung von ITIL in KMU angesehen werden, welcher nachfolgend kurz vorgestellt wird.

Malcolm Fry definiert sein ITIL Lite folgendermaßen:

"ITIL Lite is an approach to implementing key components of ITIL v3 to ensure a sound basis for IT Service Management either as a starting point for full implementation or as a deliverable for those not wishing to fully implement ITILv3."[129]

Übersetzt bedeutet dies dem Sinn nach:

"ITIL Lite ist ein Ansatz zur Implementierung der Schlüsselkomponenten von ITIL V3, um eine solide Basis für ein IT-Service Management sicherzustellen, welches entweder als Ausgangspunkt für die vollständige Umsetzung von ITIL V3 dienen kann oder als Grundstein für diejenigen, welche ITIL V3 nicht vollständig einführen wollen."[130]

Malcolm Fry hat zur Einführung von ITIL Lite zehn Schritte entwickelt, welche in der folgenden Abbildung 59 dargestellt sind.

---

[129] Vgl. Fry (2012), Folie 2.
[130] Eigene Übersetzung.

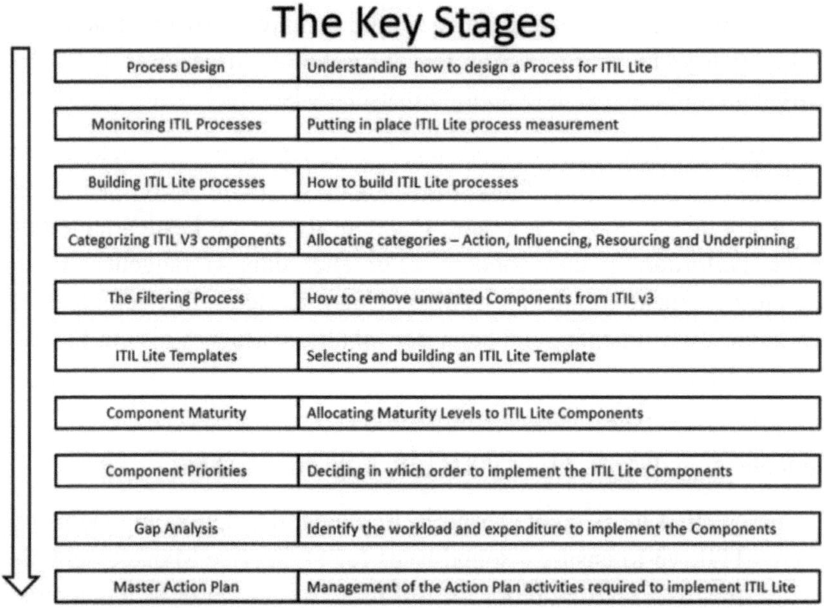

The Key Stages

Process Design	Understanding how to design a Process for ITIL Lite
Monitoring ITIL Processes	Putting in place ITIL Lite process measurement
Building ITIL Lite processes	How to build ITIL Lite processes
Categorizing ITIL V3 components	Allocating categories – Action, Influencing, Resourcing and Underpinning
The Filtering Process	How to remove unwanted Components from ITIL v3
ITIL Lite Templates	Selecting and building an ITIL Lite Template
Component Maturity	Allocating Maturity Levels to ITIL Lite Components
Component Priorities	Deciding in which order to implement the ITIL Lite Components
Gap Analysis	Identify the workload and expenditure to implement the Components
Master Action Plan	Management of the Action Plan activities required to implement ITIL Lite

Abbildung 59: The Key Stages for implementing ITIL Lite[131]

Relevanz:

Aus Sicht der Autoren ist das Buch nicht unbedingt als Einstieg in ITIL zu empfehlen, da einige Vorkenntnisse vorausgesetzt werden. Über die Vorgehensweise zur Einführung von ITIL gibt es allerdings viele Übersichten und Kategorisierungen, welche denjenigen mit Vorkenntnissen einige neue Eindrücke liefern. Der Mehrwert besteht hauptsächlich in der strukturierten Vorgehensweise, in der ITIL-Komponenten bewertet, ausgewählt und eingeführt werden. Im Kern wird hier keine festgelegte Auswahl getroffen, viel mehr werden hilfreiche Anhaltspunkte gegeben, wie eine IT-Organisation zu ihrem individuellen Ansatz kommen

---

[131] Fry (2012), S. 25.

kann. Im Hinblick auf die Studie ist dieses Modell ein geeigneter Rahmen, um den KMU den Nutzen von ITIL näher zu bringen bzw. für diese ein konkretes Referenzmodell zu entwickeln. Aktuell stellt der Leitfaden eine Unterstützung für Unternehmen bei der Einführung dar, welcher allerdings weder frei verfügbar, noch in deutscher Sprache vorhanden ist.

Groß, Markus: Einsatzmöglichkeiten von ITIL in KMU – Eine empirische Untersuchung zum IT-Servicemanagement im Mittelstand; 1. Auflage 2011; Verlag: VDM Verlag Dr. Müller; ISBN 978-3-639336221.

Das Buch "Einsatzmöglichkeiten von ITIL in KMU" beantwortet die Frage, ob und in wie weit es sich auch für ein KMU lohnt, sein ITSM nach dem Framework ITIL auszurichten. Verfolgt wird hierbei das Ziel einer optimalen Unterstützung der Unternehmensstrategie durch den Einsatz von IT, um die mit dem resultierenden Nutzen verbundenen Risiken durch notwendigen Ressourceneinsatz auf ein sinnvolles Maß zu reduzieren. Basierend auf dieser Analyse und einer empirischen Untersuchung wird ermittelt, welche Methoden und Einführungskonzepte der ITIL-Publikationen als zielführend erachtet werden. Ein weiteres Resultat ist eine konkrete Handlungsempfehlung zur Einführung in KMU. Es sollen die Bedürfnisse des Mittelstandes berücksichtigt werden. Dabei wird auf eine Wiederholung der ITIL Theorie größtenteils verzichtet. Die Darstellung der Erfolgsfaktoren für ITIL-Umsetzungen im Mittelstand und die notwendigen Grundlagen sind auf das Management zugeschnitten. Eine detaillierte Darstellung der ITIL Best Practice wird hier nicht geboten, eher ein praxisorientierter Leitfaden für die Umsetzung bei KMU.

Kittel, Martin; Koerting, Thorsten; Schött, Dirk: Kompendium für ITIL V3 Projekte – Menschen, Methoden, Meilensteine; Auflage 2011; Verlag: Books on Demand GmbH, Norderstedt; ISBN 978-3-8391-3339-2.

Kittel, Koerting und Schött stellen konkrete Referenzumsetzungen anhand der folgenden Fallbeispiele vor:

1. Ein großes deutsches Logistikunternehmen mit internationaler Ausrichtung
2. Ein mittelständischer IT-Dienstleister
3. Ein großer Automobilkonzern

Diese Fallbeispiele sind allerdings relativ kurz gehalten und fokussieren sich auf die Auswahl der passenden Methode zur Implementierung. Ob diese praktischen Beispiele allerdings im eigenen Unternehmen auch umsetzbar sind, kann ohne eigene Durchführung nicht beurteilt werden.

Knoepp, Marco; Diercks, Hans-Joachim; Altwasser, Volker: ITIL im Mittelstand einfach erfolgreich umsetzen; Auflage 2005; Verlag: Interest Verlag GmbH, Kissingen; ISBN 978-3-824587124.

Nienstermann, Mark: Service Management-Lösungen für KMU – ITIL-unterstützende Service Management-Tools; 1. Auflage 2007; Verlag: Vdm Verlag Dr. Müller; ISBN 978-3-836404501.

Diese Werke sind nicht mehr aktuell, da sie sich allein mit ITIL in der Version 2 befassen. Die Berücksichtigung der Entwicklung des Regelwerkes von Version 2 zu Version 3 solle allerdings auch für KMU nicht unberücksichtigt bleiben. Darum wird an dieser Stelle nicht näher auf diese Werke eingegangen. Dennoch können auch hier Anforderungen, Erfahrungen und sinnvolle Implementierungsschritte entnommen werden, um die Vorteile einer ITIL-Einführung zu verstehen.

Paul, Alex D.: ITIL Heroes' Handbook – ITIL for those who don't have the time; http://www.manageengine.de/images/stories/products/ServiceDeskPlus/itil_handbuch_fuer_helden.pdf, 2013; Abruf: 25.11.2014.

Alex D. Paul versucht in seinem "ITIL - Handbuch für Helden" das Thema ITIL sinnvoll zusammenzufassen, um denen, die nicht die Zeit haben sich intensiv mit diesem Thema auseinanderzusetzen, eine Hilfe zur schnellen Umsetzung zu geben. Er verfolgt das Ziel, dass jedes Unternehmen jeglicher Größe von ITIL profitieren soll. Der Autor ist der Meinung, dass ITIL heutzutage keine faire Chance auf dem Markt für KMU hat, da es aufgrund der Kosten und Komplexität oft abgelehnt wird. Das Handbuch beschreibt mit der Unterstützung der Software "ManageEngine"[132] ein "ITIL-Service Support-Framework", welches eine relativ einfache und schnelle Einführung der Prozesse Incident Management, Problem Management, Change Management und Release Management auf Basis einer CMDB ermöglichen soll. Die Praxistauglichkeit konnte im Rahmen der vorliegenden Studie nicht überprüft werden.

Rudd, Colin: ITIL V3 Planning to Implement Service Management; Auflage 2010; Verlag: The Stationary Office Books, London; ISBN 978-0113311095.

Rudd stellt in seinem Werk klar, dass ITIL verschiedenen Vorgehensweisen zur Implementierung der Prozesse bietet und dass es nicht den einen richtig Weg gebe. Weiterhin stellt er die oben dargestellten Prozess-Methoden wie z.B. den Single Process Approach vor, die das Ziel haben, die Komplexität der Einführung zu reduzieren und die Belastung des Regelbetriebes möglichst gering zu halten.

Swiss Association for Quality (SAQ): ITIL für KMU – Ein Leitfaden für IT-Servicemanagement; http://www.saq.ch/de/shop/informatik/detail/46/; Bern 2012.

Ein weiterer Leitfaden "ITIL für KMU – Ein Leitfaden für IT-Servicemanagement" aus dem Jahre 2012 stammt von der Swiss Association for Quality. Dieser versucht ITIL für KMU zu erleichtern und Praxistipps zu geben, wie ITIL bei Service Anbietern im KMU Umfeld implementiert und nutzenbringend eingesetzt werden kann. Als Besonderheit beleuchtet der Leitfaden den Unterschied zwischen klei-

---

[132] ManageEngine (2014).

nen und großen Unternehmen, wobei der große Unterschied nicht in der Bandbreite der Anforderungen oder der Komplexität liegt, sondern im Verhalten der Menschen und in der Verfügbarkeit von Ressourcen. Bei der Realisierung eines ITSM ist es außerordentlich wichtig, dass trotz gleicher Funktionen die größenbedingten Stärken und Schwächen der Organisation explizit berücksichtigt werden und direkt in die Serviceprozesse mit einfließen. Weiterhin wird versucht, die Motivation und den Nutzen von ITIL in KMU zu verdeutlichen. Darüber hinaus werden die Grundlagen der Prozesse sowie die Unterschiede zwischen ITIL V2 und V3 dargestellt. Es werden einige Tipps zur Implementierung gegeben, bestehend aus Vor- und Nachteilen von Einführungsstrategien. Abschließend bietet der Leitfaden eine Möglichkeit für ein erstes Self-Assessment bestehend aus 60 Fragen.

Taylor, Sharon; Macfarlane, Ivor: ITIL® V3 Small-Scale Implementation Book; Auflage 2009; Verlag: The Stationary Office Books, London; ISBN 978-0-1133-1078-4.

Neben dem Nutzen wird im Werk von Taylor und Macfarlane auf den Wertbeitrag von ITIL für das Business eingegangen und die ITIL-konforme Definition eines Service ausgeführt. Weiterhin werden die Besonderheiten von KMU erläutert, die von erhöhter Abhängigkeit der IT-Organisation von Einzelpersonen über mangelnde Umsetzungsmöglichkeiten bis hin zu fehlenden IT-Spezialisten reichen. Der Einsatz von ITIL in KMU wird auf Basis der einzelnen Lebenszyklusphasen detailliert beschrieben. Dabei werden strategische Aspekte dargestellt und die Struktur als Ansatzpunkt zum Verständnis des Business erläutert. Die Prozesse werden beispielsweise auf die Anforderungen der KMU reduziert und in konkreten Vorschlägen für KMU dargestellt. Weitere Themen der KMU sind die Herausforderung des Ressourcenmanagements, die Verteilung der Verantwortlichkeiten und die Rollenzuordnungen. Allerdings vertreten die Autoren dieses Buches die Meinung, dass ITIL auch bei einer Implementierung für diese Zielgruppe in seiner Ganzheit betrachtet werden muss. Ob das allerdings in der Praxis so verwendbar ist, konnte durch die Autoren der vorliegenden Studie nicht überprüft werden, denn diese teilen eher die Meinung und somit den Ansatz von Malcolm Fry, welcher eine reduzierte Herangehensweise für den Mittelstand befürwortet. Interessant ist dieses Buch für IT-Verantwortliche dennoch, da es den umfangreichen Service Lebenszyklus aus ITIL V3 für KMU kompakt erläutert und zahlreiche hilfreiche Vorschläge und Hinweise für die Anwendung in der Praxis liefert.

Zielke, Frank; Schenkel, August-Wilhelm; Oldag, Jörn; Weber, Günter: ITIL überzeugend einführen – Methoden und soziale Kompetenzen; 1. Auflage 2010; Verlag: Symposion Publishing GmbH, Düsseldorf; ISBN 978-3-939707-42-4.

Das Werk "ITIL überzeugend einführen: Methoden und soziale Kompetenzen" versucht den Menschen in den Fokus der Aufmerksamkeit zu rücken und dazu beizutragen, dass ITIL noch erfolgreicher wird. Es werden Probleme behandelt, welche bei einer ITIL-Einführung bedacht werden müssen. Anschließend werden diese auf Basis eines Projektrahmens in eine logische Schrittfolge gebracht. Zudem werden strukturierte Handlungsanweisungen gegeben, welche zum rechten Zeitpunkt die für die Einführung von ITIL notwendigen Maßnahmen initiieren.

IT-Processmaps: ITIL mit einem ITIL-Referenzmodell; http://de.it-processmaps.com/leitfaden-itil-implementierung.html #ITILImplementierung

Die ITIL-Prozesslandkarte stellt ein umfassendes Referenzmodell für ITIL dar. Dieses Modell verspricht eine klare Struktur und beinhaltet mehr als 150 Prozess-Diagramme auf vier Detailstufen. Der begleitende Leitfaden zur ITIL-Einführung ist in einzelne Phasen unterteilt. Die Website verweist auf den Wiki-Eintrag des Unternehmens, welcher diesen Leitfaden detailliert in zehn Schritten untergliedert und erläutert. Der Leitfaden ist im Grunde ähnlich zu dem vorgestellten Modell von Malcolm Fry mit einer leicht anderen Reihenfolge sowie unterschiedlichen Schwerpunkten. Hier wird beispielsweise mehr Wert auf ein Prozess-Controlling gelegt, indem objektive Qualitätskriterien (Key Performance Indikatoren, kurz: KPI) festgelegt, eine passende Messmethode definiert sowie ein geeignetes Berichtswesen spezifiziert wird.

Zusammenfassend lässt sich sagen, dass es zwar einige Publikationen zum Thema „ITSM in KMU" gibt, die teilweise auch sehr gute Hilfestellungen und Leitfäden bieten, aber trotzdem hat sich keine spezielle Methodik bzw. keine Vorgehensmodell bisher wirklich etabliert. Es gibt auch noch keine Studie über die praktische Anwendung dieser Ansätze, deren Ergebnisse dann möglicherweise Präferenzen oder Kriterien zur korrekten Auswahl offenbaren würden.

Abschluss

Zusammenfassung

In Zeiten elektronischer Geschäftsprozesse und weltweiter Vernetzung ist die effiziente und effektive Nutzung moderner Informationstechnologie genauso wichtig für den Erfolg eines Unternehmens wie Innovationen, wettbewerbsfähige Produkte oder Dienstleistungen und motivierte Mitarbeiter. Informationstechnologie kann jedoch nur dann zum Erfolg beitragen, wenn sie verlässlich arbeitet.

Zur Überprüfung der Qualität und der Verlässlichkeit der IT wurde eine Online-Umfrage mit 488 Unternehmen aus unterschiedlichen Branchen durchgeführt, wovon 272 aus dem deutschen Mittelstand stammen. Ergebnisse in einer solchen Größenordnung können durchaus als fundiert bezeichnet werden. Jedoch spielt vor diesem Hintergrund die Plattform eine wichtige Rolle, mit deren Hilfe die Umfrage zur Erreichung von möglichst vielen Probanden platziert wurde. Die gewählte Plattform hat ihren Schwerpunkt im IT-Bereich und richtet sich somit auch hauptsächlich an Personen, die sich mit IT verbundenen Themen beschäftigen. Diese Tatsache muss bei der Bewertung der Ergebnisse beachtet werden, wenn daraus, stellvertretend für alle Unternehmen, Schlüsse gezogen werden sollen.

Durch die gesamtheitliche Analyse konnte ein umfassender Eindruck über den aktuellen Stand von ITSM in kleinen und mittleren Unternehmen gewonnen werden. Die Ergebnisse machen deutlich, dass die KMU bei Wertung der umgesetzten ITSM-Prozesse relativ gut aufgestellt sind. Im Durchschnitt verwendet zwar nur rund ein Viertel der KMU Standards aus dem Bereich ITSM, dennoch sind die individuellen Umsetzungen nicht so weit von diesen Standards entfernt, wie der Wert es vermuten lässt. Die in dieser Studie betrachteten Themenkomplexe sind als Gesamtergebnis in Abbildung 60 dargestellt. Die angegebenen Bewertungen beziehen sich auf den Umsetzungsgrad der abgefragten IT-Prozesse. Die Prozesse sind dabei in Anlehnung an die Kernprozesse aus ITIL Version 2 benannt.

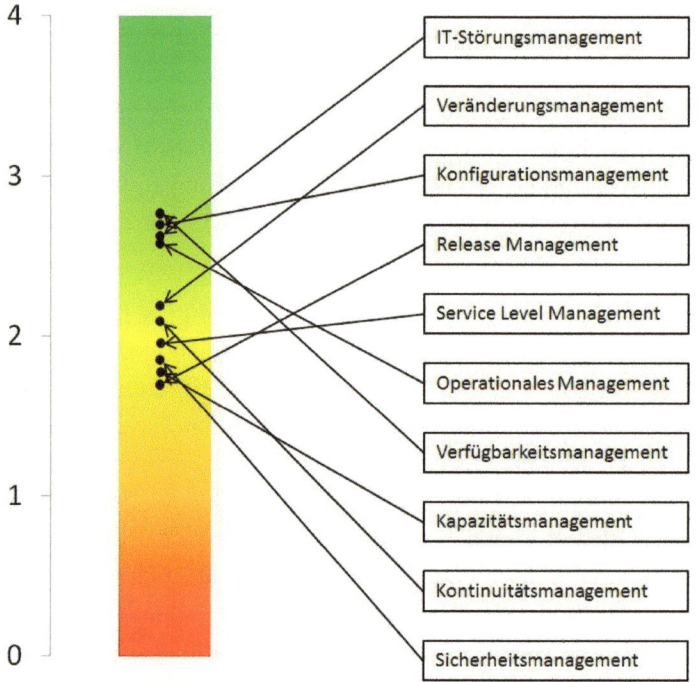

Abbildung 60: Gesamtübersicht der Prozessreifegrade in KMU[133]

Bezogen auf die KMU ist festzuhalten, dass die Prozesse Verfügbarkeits-, Konfigurations- und IT-Störungsmanagement laut der Auswertung der Reifegradmessung besonders gut abgeschnitten haben. Kontinuitätsmanagement und das wichtige Service Level Management liegen dagegen nur im Mittelfeld. Release Management und Kapazitätsmanagement befinden sich hingegen teilweise in stark defizitären Zuständen, denn jeweils knapp die Hälfte aller KMU ist in diesen in den un-

---

[133] Quelle: eigene Darstellung.

tersten Reifegradstufen 0 und 1 einzuordnen. Deutliche Schwächen liegen vor allem auch im Bereich des geschäftskritischen Sicherheitsmanagements, wie dem Umgang mit Sicherheitsvorfällen, dem Notfallmanagement und der Bewertung der Gefahrenbereiche.

Nach Analyse der einzelnen Prozesse sowie der freiwilligen Angaben der Unternehmen lässt sich feststellen, dass diese sich überwiegend durch nicht aufeinander abgestimmte und individuell ausgestaltete Teilprozesse darstellen. Diese Teilprozesse folgen keinem idealerweise vorher festgelegtem Konzept. Ein Bewusstsein für die Wichtigkeit eines Service Management ist allerdings überwiegend vorhanden, wobei der Umsetzungsgrad insgesamt noch viel Potenzial nach oben vorzuweisen hat. Dies liegt auch daran, dass oftmals die Geschäftsführung keine Ressourcen für ITSM-Projekte zur Verfügung stellt.

Der schwer zu erfassende Mehrwert der IT-Services, mangelnde Ressourcen, wie beispielsweise personell knapp besetzte IT-Abteilungen, sowie das Prozessmanagement sind die am häufigsten genannten Schwachstellen der KMU und verhindern oft, dass eine angemessene Auseinandersetzung mit dem Thema IT-Servicemanagement stattfinden kann. Ein weiteres wichtiges Thema ist das Konfigurationsmanagement, für welches sich einige Teilnehmer Änderungen und Optimierungen wünschen. Dieses Ergebnis ist verwunderlich, da dieser Prozess insgesamt sehr ordentlich abgeschnitten hat. Im Durchschnitt liegt der Reifegrad bei 2,7, was einen standardisierten bzw. bereits gereiften Prozess verspricht. Daher haben entweder einige der Teilnehmer, welche hier ein mittelmäßiges oder schlechtes Ergebnis erzielt haben, ihr Defizit erkannt, oder die Ermittlung des Reifegrads muss für diesen Prozess überarbeitet werden.

Ein Leitfaden kann, wie der Name schon sagt, nur eine Hilfestellung bei der Umsetzung darstellen. Dieses gilt für ITSM-Prozesse und IT-Services ganz genau so, wie für andere Themenbereiche. Der Leitfaden von Malcom Fry ist an dieser Stelle als empfehlenswert zu nennen. Eine Übersetzung in die deutsche Sprache gibt es aktuell leider nicht.

Aus diesem Grund haben wir auf Basis des Ansatzes von Fry zwei eigene Vorgehensmodelle entwickelt, deren Anwendung abhängig von der jeweiligen Ausgangssituation des Unternehmens ist. Das Modell zur Einführung und Optimierung von ITSM-Prozessen legt seinen Schwerpunkt auf die Verbesserung vorhandener Prozesse und die Erweiterung um weitere ITSM-Prozesse. Es findet in Unternehmen Anwendung, die bereits ITSM-Prozesse umgesetzt haben, nun aber mit diesen einen höheren Reifegrad erreichen wollen.

Im Vorgehensmodell zur Einführung und Optimierung von IT-Services geht es dagegen nicht um die ITSM-Prozesse sondern um die auf diesen basierenden IT-Services. Der Anwendungsbereich dieses Modells sind Unternehmen, die heute noch nicht mit ITSM arbeiten und somit auch noch keine IT-Services anbieten oder die dieses erst in geringem Umfang tun. Auch diesen Unternehmen wird mittels der fünf Phasen und dem anschließenden kontinuierlichen Verbesserungszyklus ein Weg gezeigt, wie sie durch die Serviceorientierung die Qualität, Effektivität und Effizienz ihrer IT steigern können.

Letztendlich geht es immer darum, dass die Verantwortlichen und Umsetzer sich selbst der Situation in ihrem Unternehmen und der Aufgabenstellung bewusst sind und dementsprechend handeln.

Fazit

Die Annahme der Autoren, dass das Framework ITIL im Rahmen des IT-Servicemanagements von den KMU als zu umfangreich empfunden wird, konnte durch die Analyse der Antworten, der Untersuchung von bereits vorhanden Studien sowie bei der Suche nach Referenzlösungen bestätigt werden. Viele Teilnehmer haben unter dem allgemeinen Feedback zur Umfrage angegeben, dass die Relation zwischen Mehrwert und Kosten unstimmig sei. Weiterhin wünschen sich einige Teilnehmer eine komprimierte Version von ITIL oder zumindest sinnvolle Referenzumsetzungen, an denen sich in der Praxis orientiert werden kann.

Dennoch konnte die Umfrage vor allem in Kombination mit der kosten-freien und transparenten Reifegradmessung eine Sensibilisierung für das Thema ITSM bei einigen Teilnehmern erreichen. Die Studie hat mehrfach positives Feedback erhalten, u.a. durch viele Danksagungen der Teilnehmer. Darüber hinaus macht eine derartige Umfrage die Ver-antwortlichen über die vorhandenen Missstände im eigenen Unterneh-men aufmerksam. Nach Auskunft der Unternehmen würden praxisnahe Referenzumsetzungen bereits dazu beitragen, ein Grundverständnis für ITSM zu erhalten. Insgesamt ist zur Annäherung an das Thema ITSM in vielen Fällen jedoch offensichtlich ein negatives Ereignis im Unter-nehmen notwendig, da die KMU überwiegend keinen Bedarf sehen, ihre knappen Ressourcen für so komplexe Themen einzusetzen, sofern alle Prozesse irgendwie funktionieren. Vor allem auch vor dem Hinter-grund, dass ein garantierter Mehrwert nicht direkt erfasst werden kann.

Die Antworten und Angaben unterstreichen zudem die anfängliche Vermutung, dass die IT von den Verantwortlichen der KMU oftmals primär als Kostenfaktor und nicht als notwendiges Grundgerüst für den Geschäftserfolg angesehen wird. Investitionen werden überwiegend nur bei erkannten, akuten Bedrohungen und nur im unbedingt erforderli-chen Kostenrahmen getätigt. Die Zurückhaltung bei den finanziellen Mitteln spiegelt sich auch auf der personellen Ebene wieder. Demnach ist es äußerst wichtig den Verantwortlichen in diesen KMU den Mehr-wert von ITSM bzw. dessen Standards zu verdeutlichen und im Ideal-fall Wege aufzuzeigen, wie man die Komplexität dieser Rahmenwerke auf ein handhabbares Maß reduzieren kann.

Zur Reduzierung der Komplexität bedarf es einer guten konzeptionellen Planung der neuen funktionsübergreifenden Prozesse im Unternehmen. Der Aufbau des Rahmenwerkes ITIL lässt eine sukzessive Einführung von einzelnen Themenbereichen zu. Jedes Unternehmen muss situati-onsabhängig selber entscheiden, welche Inhalte und Prozessabläufe für den Geschäftserfolg dienlich sein können. Da es sich um Änderungen des betrieblichen Ablaufs handelt, dürfen die menschlichen Ressourcen bei der Planung nicht vernachlässigt werden. Neue Methoden müssen einer regelmäßigen Überprüfung auf Effektivität und Effizienz unterzogen werden. Dieser kontinuierliche Verbesserungsprozess ermöglicht eine fortlaufende Optimierung der Prozessqualität. Weiterhin muss die Geschäftsführung die Unternehmensziele mit den IT-Zielen in Einklang bringen. Die Verankerung von Servicemanagement bedeutet eine entsprechende Anzahl von personellen und finanziellen Ressourcen. Gerade dieser Aspekt ist aufgrund der Ergebnisse bei KMU selten gegeben und bedarf besonderer Betrachtung.

Für die Umstellung des IT-Bereiches und die Einbindung in den Rest der Organisation gibt es verschiedene Arten der möglichen Implementierung, die von den Unternehmenszielen, der angedachten Umsetzungsgeschwindigkeit und bereits vorhandenen Prozessen abhängig sind. Unterschiedliche Ausgangssituationen führen in fast allen Fällen zu unterschiedlichen Vorgehensweisen. Die Mehrheit der Unternehmen hat bereits Prozessansätze in unterschiedlichen Reifegraden, die in die Umsetzung von ITIL mit einbezogen und optimiert werden können und müssen. Eine Herausforderung besteht darin, die für das Unternehmen und die jeweilige Konstellation richtige Implementierungsmethodik zu identifizieren. Einen konkreten Vorschlag bezüglich der grundsätzlichen Vorgehensweise zur Implementierung liefert ITIL nicht, sondern betont ausdrücklich, dass es nicht den einen richtigen Weg gebe. Daher sollen mögliche Konzepte zur Einführung von Prozessen ausgewählt werden, die sich je nach individuell vorhandener Ausgangssituation für die Einführung des Referenzrahmens in mittelständischen Unternehmen eignen.

Die im Kapitel „Leitfaden für KMU" aufgezeigten Lösungsansätze sind als konkrete Maßnahmen und Hilfestellungen zur Planung einer Umsetzung von ITSM nach ITIL in jedem beliebigen Unternehmen anzusehen. Um ein dauerhaft hohes Niveau der Prozesse zu erreichen, müssen die erforderlichen Maßnahmen für jedes Unternehmen individuell ausgestaltet, aber vor allem auch konsequent befolgt werden. Nur so kann eine erfolgreiche Standardisierung und ein angemessener Mehrwert erzielt werden.

Insgesamt sind Referenzmodelle für ITSM in KMU aber nur spärlich vorhanden. In diesem Bereich sollte allgemein nachgebessert werden, damit die KMU Anhaltspunkte zur bedarfsorientierten Einführung von ITIL erhalten. Vor allem das vorgestellte offizielle OGC-Werk von Malcolm Fry, welches die fünf Hauptpublikationen im Hinblick auf eine praktische Implementierung in KMU sinnvoll erweitert, sollte nach Möglichkeit in die deutsche Sprache übersetzt werden. Dieses zeigt nicht, welche der zahlreichen Prozesse und Funktionen aus ITIL V3 für KMU umgesetzt werden müssen und welche nicht. Es stellt stattdessen eine Herangehensweise als Leitfaden vor, wie jedes Unternehmen seinen eigenen individuellen Ansatz entwickeln kann.

Die KMU, die sich noch nicht mit dem Thema ITIL im Rahmen des IT-Service Management beschäftigt haben, müssen in erster Linie die Wichtigkeit von standardisierten Prozessen im Unternehmen verstehen sowie über deren Vorteile aufgeklärt werden.

Um eine erste Einschätzung des Status der aktuellen Umsetzung von IT-Prozessen im Unternehmen vornehmen zu können, sollte eine Reifegradmessung durchgeführt werden. Nach Aussage der Unternehmen ist ITIL in seiner Gesamtheit für die Betriebe aus dem KMU-Sektor ohne Anwendung von Hilfsmitteln zu zeitintensiv und aufwändig. Diese durchaus berechtigte Einschätzung verhindert auch weitestgehend die konkrete Anwendung der Bibliothek. Aber es gibt gute Gründe, weshalb sich kleine und mittlere Unternehmen mit einer ITIL-Einführung beschäftigen sollten, beispielsweise höhere Kundenzufriedenheit, bessere Kostenkontrolle sowie die schnellere Rückmeldung und Auflösung von Anfragen. Die Beratungsangebote sowie die vorhandenen Referenzumsetzungen sind jedoch noch optimierungsfähig. Die für den KMU-Bereich zur Verfügung gestellten Dienstleistungen sollten zukünftig hinsichtlich der öffentlichen Wahrnehmung verbessert werden.

173

Ausblick

Im Rahmen der Analyse der Umfrageergebnisse hat sich herausgestellt, dass die Fragen noch nicht alle wichtigen Aspekte des behandelten Themenbereichs optimal abdecken. Daraus ergaben sich einige Verbesserungs- und Erweiterungsvorschläge, welche eine detailliertere Auswertung ermöglichen würden.

Eine Anpassung der Umfrage bringt jedoch auch gravierende Nachteile mit sich. Die Vergleichbarkeit der bisherigen Ergebnisse mit den zukünftigen wäre höchstwahrscheinlich nicht mehr gegeben. Eine längerfristige Betrachtung ist darüber hinaus ebenfalls sinnvoll, da bisher nur einige Annahmen bestätigt werden konnten.

Eine Überarbeitung des Online-Fragebogens geht automatisch mit einer Anpassung der Reifegradmessung und der Gesamtauswertung einher. Somit muss bei der Gesamtauswertung ein Kompromiss gefunden werden, inwiefern die bisherigen Umfrageergebnisse mit zukünftigen Ergebnissen vergleichbar sein sollen.

Umgesetzt sind aber bereits Folgemessungen für die bisherigen Teilnehmer. Das heißt, diese können erneut an der Umfrage teilnehmen und erhalten als Ergebnis eine Auswertung in Form der Reifegradmessung, die die aktuellen Werte den vorher erhobenen gegenüberstellt. Auf diese Weise erhalten Sie die Möglichkeit einen Nachweis für ihre Optimierungsmaßnahmen im Bereich des ITSM zu führen. Diese Art der Kontrolle wird sicherlich auch vom Management gerne gesehen. Wir möchten Sie auf jeden Fall hiermit herzlich zur weiteren Teilnahme unter www.itsm-wissen.de einladen.

Wie im Kapitel „Leitfaden für KMU" bereits angemerkt, gibt es zwar einige Ansätze für ITSM in KMU, u.a. auch unsere beiden Vorgehensmodelle, aber es fehlt an verwertbaren Daten über Erfahrungen bzw. Erfolg oder Misserfolg. Diesem Missstand würden wir gerne mit einer neuen Studie entgegenwirken und würden uns freuen, wenn Sie uns von Ihren Erfahrungen berichten würden: studie@itsm-wissen.de

Literatur

Beims (2010) Beims, Martin: IT-Servicemanagement in der Praxis mit ITIL – Zielfindung, Methoden, Realisierung; 1. Auflage 2008; Verlag: Carl Hanser Verlag GmbH & Co. KG, München; ISBN 978-3-446-42138-7.

Beims (2012) Beims, Martin: IT-Servicemanagement in der Praxis mit ITIL – ITIL Edition 2011, ISO 20000:2011 und Prince2 in der Praxis; 3. Auflage 2012; Verlag: Carl Hanser Verlag GmbH & Co. KG, München; ISBN 978-3-446-43087-7.

Bernhard (2004) Bernhard, M. G.; Mann, H.; Lewandowski, W.: Service-Level-Management in der IT – Wie man erfolgskritische Leistungen definiert und steuert; 5. Auflage 2004; Verlag: Symposion Publishing GmbH, Düsseldorf; ISBN 3-9336608-28-8.

Bernhard (2006) Bernhard, M. G.; Mann, H.; Lewandowski, W.; Schrey, J.: Praxishandbuch Service-Level-Management – Die IT als Dienstleistung organisieren; 2. Auflage 2006; Verlag: Symposion Publishing GmbH, Düsseldorf; ISBN 3-936608-91-1.

Bernhard (2014) Bernhard, Pierre: IT-Servicemanagement Based on ITIL 2011 Edition; 1. Auflage 2014; Verlag: Van Haren Publishing, Zaltbommel; ISBN 978-94-018-0017-4.

Bon (2008) van Bon, Jan: Foundations of IT-Servicemanagement Basierend auf ITIL V3: Einführung; 3. Auflage 2008, Verlag: Van Haren Publishing, Zaltbommel; ISBN 978-90-8753-059-4.

Böttcher (2013) Böttcher, Roland: IT-Service-Management mit ITIL – 2011 Edition: Einführung, Zusammenfassung und Übersicht der elementaren Empfehlungen; 3. Aktualisierte Auflage 2013; Verlag: Heise Zeitschriften Verlag GmbH & Co. KG, Hannover; ISBN 978-3-936931-80-8.

BPTrends (2009) Harmon, Paul: Business Process Trends – Process Maturity Models; http://www.bptrends.com/publicationfiles/spotlight_051909.pdf; Abruf: 14.10.2014.

Buchsein (2008) Buchsein, Ralf; Victor, Frank; Günther, Holger; Machmeier, Volker: IT-Management mit ITIL V3 – Strategien, Kennzahlen, Umsetzung; 2. Auflage 2008; Verlag: Vieweg + Teubner / GWV Fachverlage GmbH, Wiesbaden; ISBN 978-3-8348-0526-3.

Chrissis (2011) Chrissis, Mary Beth; Konrad, Mike; Shrum, Sandy: CMMI for Development: Guidelines for Process Integration and Product Improvement; 3. Auflage 2011; Verlag: Addisom-Wesley Longman, Amsterdam; ISBN 978-0321711502.

CMMI Institute (2013) CMMI Institute; http://cmmiinstitute.com; Abruf: 14.10.2014.

Ebel (2008) Ebel, Nadin: ITIL V3 Basis-Zertifizierung – Grundlagenwissen und Zertifizierungsvorbereitung für die ITIL Foundation-Prüfung; Auflage 2008; Verlag: Addison-Wesley Verlag, München; ISBN 978-3-8273-2599-0.

England (2011) England, Rob: Review of recent ITIL® studies; http://www.best-management-practice.com/gempdf/Review_ITIL_Studies_White_Paper_Nov11.pdf; APM Group Ltd; Abruf: 03.12.2014.

FitSM (2014) FitSM – Standards for lightweight IT-Servicemanagement; http://www.fedsm.eu/fitsm, 2014; Abruf: 15.12.2014.

Fry (2012) Fry, Malcolm: How to Implement a Lite Version of ITIL® v3; http://www.hthts.com/teleseminars/malcolmfry.pdf, 2012; Abruf: 21.11.2014.

Groß (2011a) Groß, Markus: Einsatzmöglichkeiten von ITIL in KMU – Eine empirische Untersuchung zum IT-Servicemanagement im Mittelstand; 1. Auflage 2011; Verlag: VDM Verlag Dr. Müller; ISBN 978-3-639336221.

Groß (2011b) Groß, Markus: Im Mittelstand tummeln sich viele Itil-Muffel; http://www.computerwoche.de/a/im-mittelstand-tummeln-sich-viele-itil-muffel,2491559; Abruf 15.12.2014

Heise (2014) heise online; http://www.heise.de, 2014; Abruf: 04.09.2014.

IfM-Bonn (2002) Günterberg, Brigitte; Wolter, Hans-Jürgen: Unternehmensgrößenstatistik 2001/2002 – Daten und Fakten; Auflage 2002, Institut für Mittelstandsforschung, Bonn.

IfM-Bonn (2012) IfM Bonn: – Statistiken – Mittelstand im Überblick; http://www.ifm-bonn.org/statistiken/mittelstand-im-ueberblick/#accordion=0&tab=0; Abruf: 16.10.2014.

IT-Processmaps (2014) IT-Processmaps: ITIL mit einem ITIL-Referenzmodell; http://de.it-processmaps.com/leitfaden-itil-implementierung.html#ITIL-Implementierung; Abruf: 13.11.2014.

itSMF (2013) Organ des IT-Servicemanagement Forums Deutschland e.V. (itSMF): IT-Servicemanagement; 8. Jahrgang 2013, Heft 24; Druck: team digital GmbH, Lauterbach; ISSN 1861-9258.

itSMF (2014) itSMF; https://www.itsmf.de/, 2014; Abruf: 19.02.2014.

itsm-wissen (2015) itsm-wissen.de: Administratorbereich der Gesamtauswertung; http://www.itsm-wissen.de/haupt/index.php?kategorie=startseite&seite=adminbereich, 2015; Abruf: Vom Juni 2014 bis zum August 2015 regelmäßig.

ISACA (2013) Configuration Management – Using COBIT 5; Auflage 2013; Verlag: ISACA, Rolling Meadows; ISBN 978-1-60420-345-5.

ISACA (2014) ISACA; http://www.isaca.org/COBIT/Pages/COBIT-5-german.aspx, 2014; Abruf: 12.12.2014.

Kittel (2011) Kittel, Martin; Koerting, Thorsten; Schött, Dirk: Kompendium für ITIL V3 Projekte – Menschen, Methoden, Meilensteine; Auflage 2011; Verlag: Books on Demand GmbH, Norderstedt; ISBN 978-3-8391-3339-2.

Knoepp (2005) Knoepp, Marco; Diercks, Hans-Joachim; Altwasser, Volker: ITIL im Mittelstand einfach erfolgreich umsetzen; Auflage 2005; Verlag: Interest Verlag GmbH, Kissingen; ISBN 978-3-824587124.

Köhler (2007) Köhler, Peter T.: ITIL – Das IT-Servicemanagement Framework; 2. Auflage 2007; Verlag: Springer-Verlag, Berlin Heidelberg; ISBN 978-3-540-37950-8.

ManageEngine (2014) ManageEngine; http://www.manageengine.com/, 2014; Abruf: 25.11.2014.

Materna (2007) Schnebel, Patrick; Gebel, Ines: ITSM Executive Studie 2007 – Ergebnisse der Befragung in Österreich und Deutschland; http://www.conect.at/uploads/tx_posseminar/11_Schnebel_Materna.pdf ; Materna GmbH, Dortmund; Abruf: 02.12.2014.

msg services (2012) Mittelstand zeigt sich nicht als Freund von ITIL; https://www.msg-services.de/unternehmen/news/details/?tx_news_pi1; msg services AG, Ismaning 2012; Abruf: 02.12.2014.

Nienstermann (2007) Nienstermann, Mark: Service Management-Lösungen für KMU – ITIL-unterstützende Service Management-Tools; 1. Auflage 2007; Verlag: Vdm Verlag Dr. Müller; ISBN 978-3-836404501.

OGC (2005) Best Practise Einführung in ITIL; Verlag: The Stationary Office Books, London 2005; ISBN 0 11 331035 8.

Paul (2013) Paul, Alex D.: ITIL Heroes' Handbook – ITIL for those who don't have the time; http://www.manageengine.de/images/stories/products/ServiceDeskPlus/ itil_handbuch_fuer_helden.pdf, 2013; Abruf: 25.11.2014.

Root (2013) Root, Pascal: IT-Servicemanagement – ITIL in KMU: Grundlagenanalyse; Seminararbeit im Rahmen des Forschungsprojektes SIMKOSI an der Fachhochschule Dortmund, 2013.

Root (2014a) Root, Pascal: IT-Servicemanagement in KMU – Erstellung einer Umfrage mit Reifegradmessung; Projektarbeit im Rahmen des Forschungsprojektes SIMKOSI an der Fachhochschule Dortmund, 2014.

Root (2014b) Root, Pascal: IT-Service Management in KMU - Auswertung einer Umfrage mit Reifegradmessung; Masterarbeit im Rahmen des Forschungsprojektes SIMKOSI an der Fachhochschule Dortmund, 2014.

Rudd (2010) Rudd, Colin: ITIL V3 Planning to Implement Service Management; Auflage 2010; Verlag: The Stationary Office Books, London; ISBN 978-0113311095.

SAQ (2012) ITIL für KMU – Ein Leitfaden für IT-Servicemanagement; http://www.saq.ch/de/shop/informatik/detail/46/; Swiss Association for Quality, Bern 2012; Abruf: 25.11.2014.

Schulze (2010) Schulze, Frank: KMU im Wandel: Mehrwert im mittelständischen Unternehmen durch Implementierung eines Beschaffungscontrollings; Auflage 2010; Verlag: Diplomica Verlag GmbH, Hamburg; ISBN 978-3-8366-9464-3.

Service Strategy (2007) Office of Government Commerce: Service Strategy; 1. Auflage, Verlag: Printed in the United Kingdom for The Stationery Office, 2007; ISBN 978 0 11 3310456.

SME-Userguide (2006) Die neue KMU-Definition – Benutzerhandbuch und Mustererklärung; Auflage 2006; Verlag: Europäische Gemeinschaften.

Taylor (2009) Taylor, Sharon; Macfarlane, Ivor: ITIL® V3 Small-Scale Implementation Book; Auflage 2009; Verlag: The Stationary Office Books, London; ISBN 978-0-1133-1078-4.

Wischki (2009) Wischki, Christian: ITIL V2, ITIL V3 und ISO/IEC 20000: Gegenüberstellung und Praxisleitfaden für die Einführung oder den Umstieg; Auflage 2009; Verlag: Carl Hanser, München; ISBN 978-3-446-41977-3.

Zielke (2010) Zielke, Frank; Schenkel, August-Wilhelm; Oldag, Jörn; Weber, Günter: ITIL überzeugend einführen – Methoden und soziale Kompetenzen; 1. Auflage 2010; Verlag: Symposion Publishing GmbH, Düsseldorf; ISBN 978-3-939707-42-4.

Glossar

BSI	British Standards Institution oder Bundesamt für Sicherheit in der Informationstechnik
CCTA	Central Computing and Telecommunications Agency
CIO	Chief Information Officer
CMDB	Configuration Management Database
CMMI	Capability Maturity Model Integration
COBIT	Control Objectives for Information and related Technology
EDV	Elektronische Datenverarbeitung
EU	Europäische Union
FH Do	Fachhochschule Dortmund
GITIMM	Government Information Technology Infrastructure Management Method
ICT	Information and Communication Technology
IEC	International Electrotechnical Commission
IfM Bonn	Institut für Mittelstandsforschung Bonn
ISO	Internationale Organisation für Normung
IT	Informationstechnik
ITIL	IT Infrastructure Library
ITIL V2	IT Infrastructure Library Version 2
ITIL V3	IT Infrastructure Library Version 3
ITSM	IT-Servicemanagement

KMU	Kleine und mittlere (mittelständische) Unternehmen
KPI	Key Performance Indicator
MA	Mitarbeiterinnen und Mitarbeiter
OGC	Office of Government Commerce
PMM	Process Maturity Model
SIMKOSI	Simulation von komplexen Service-Infrastrukturen
SLA	Service Level Agreement
SLM	Service Level Management
SMB	Small and Medium-sized Businesses
SME	Small and Medium-sized Enterprises

Über die Autoren

Pascal Root, M.Sc. war von 2011-15 Masterstudent in Wirtschaftsinformatik sowie wissenschaftliche Hilfskraft an der FH Dortmund im Fachbereich Informatik. Zuvor absolvierte er ein Dual-Studium zum B.A. und arbeitete einige Jahre als Software-Engineer bei einem Lebensmittelhersteller. Im Rahmen seiner Tätigkeit und seiner Abschlussarbeiten an der FH Dortmund lag sein Fokus in den Bereichen IT-Servicemanagement und vor allem ITIL. Hier entwickelte er eine Umfrage, ein Reifegradmodell und eine automatisierte Prozessbewertung zum Thema "IT-Servicemanagement in KMU". Parallel dazu war Herr Root nebenberuflich in der Finanzdienstleistung tätig und betreute dort private und geschäftliche Mandanten. Seit April 2015 ist er als IT-Projektmanager bei einer der größten deutschen Einzelhandelsketten tätig.

Prof. Dr. Achim Schmidtmann ist seit 2006 Professor für Wirtschaftsinformatik an der FH Dortmund. Der Fokus seiner Forschungen liegt in der Beschäftigung mit IT-Servicemanagement und IT-Sicherheitsmanagement, dem Configuration Management (CMP, CMDB, CMS), der Simulation von Geschäfts- und Serviceprozessen, Betrieblicher Anwendungssoftware insb. ERP-Systeme (SAP® ERP) und dem Informationsmanagement. Prof. Schmidtmann ist Mitglied des Fachbereichsrates Informatik, Studiengangsleiter des Wirtschaftsinformatik Masters und Alumni-Beauftragter des Fachbereichs Informatik. Seit Februar 2014 ist Achim Schmidtmann außerdem CIO der FH Dortmund und verantwortet die hochschulweite IT-Strategie.

Über den Fachbereich Informatik der Fachhochschule Dortmund

Mit zahlreichen Bachelor- und Master-Studiengängen in den Bereichen Praktische und Technische Informatik, Medizinische Informatik, Wirtschaftsinformatik sowie dem dualen Bachelor-Studiengang Softwaretechnik und dem Verbundstudium Wirtschaftsinformatik besitzt die Fachhochschule Dortmund eines der umfangreichsten Studienangebote im Bereich Informatik in der ganzen Bundesrepublik. Durch das ergänzende Angebot von zahlreichen Übungen, Praktika, Tutorien und individuellen Mentoring-Gesprächen wird die Betreuung der Studierenden großgeschrieben.

Das Studium an der Fachhochschule Dortmund ist praxisorientiert und zielt je nach Abschluss auf eine entsprechende Berufstätigkeit ab. Neben den Vorlesungen werden auch Übungen und Praktika von den Professorinnen und Professoren selbst betreut, also eine (Aus-)Bildung aus einer Hand. Ein junges Team mit vielen neu berufenen Professorinnen und Professoren zeichnet das Kollegium aus. Die überwiegende Mehrzahl der Professorinnen und Professoren verfügt über mehrjährige Praxiserfahrung in Unternehmen. Einzigartig für einen Informatik-Fachbereich ist der Frauenanteil von ca. 25 Prozent.

Alle Studiengänge, insbesondere auch die Master-Studiengänge sind akkreditiert und damit Abschlüssen an Universitäten gleichgestellt. Dies eröffnet für sehr gute Master-Absolventinnen und -Absolventen auch den Weg in die Promotion. Darüber hinaus ist der Kontakt zur Wirtschaft hervorragend. Ca. 70 Prozent der Studierenden schreiben ihre Abschlussarbeiten direkt in einem Unternehmen. Ein Industriebeirat hilft u. a. bei der Weiterentwicklung von Studiengängen und Forschungsschwerpunkten, damit die Studieninhalte sich an die Marktanforderungen anpassen.